Detlev Reich

Der Moderations-Trainer

Authentisch und wirkungsvoll moderieren -
für Gottesdienste am Puls der Zeit

Detlev Reich war nach seinem Theologiestudium zwei Jahre lang Mitglied des Leitungsteams der ICF Zürich, einer der größten Freikirchen der Schweiz. Dort verantwortete er die Gestaltung und Durchführung der jeweils vier Sonntagsgottesdienste. Anschließend arbeitete er acht Jahre in einem Hamburger Gemeindegründungsprojekt mit, wo er die Programmgestaltung und Koordination entwickelte und betreute. Heute arbeitet er als freier Bühnen-, Performance- und Gottesdienst-Trainer (www.detlev-reich.de).

Detlev Reich

DER MODERATIONS-TRAINER

Authentisch und wirkungsvoll moderieren -
für Gottesdienste am Puls der Zeit

Der Moderations-Trainer
Authentisch und wirkungsvoll moderieren -
für Gottesdienste am Puls der Zeit
Lektorat: Ineke Scholz
Druck und Herstellung: AALEXX Buchproduktion GmbH
Bildnachweis: ©iStockphoto.com/MiquelMunill -/7io -/CDH_Design

ISBN-Nr. 978-3-940326-40-9

Aktuelle Infos unter www.detlev-reich.de

INHALT

Inhalt

0

ZUALLERERST

Zuallererst

Es ist ein Geschenk und ein Vorrecht, einen Gottesdienst zu leiten und zu moderieren. Denn damit leitest du die Kirche an, gemeinsam Gott zu erleben. Mit deiner Art, deiner Persönlichkeit, den Worten, die du sprichst, deinem Verhalten auf der Bühne trägst du dazu bei, den Fokus im Gottesdienst zu lenken. Es geht darum, gemeinsam Gott zu erleben und zusammen zu feiern.

Dieses Buch handelt von Moderation und allgemeinen Bühnenverhalten für Gottesdienste am Puls der Zeit. Es soll dir dabei helfen, deine Kommunikation zu optimieren, um echt und authentisch auf der Bühne zu stehen. Denn das Ziel ist es, mit der persönlichen Art und Weise das Publikum zu begeistern.

Viele Moderatoren achten nur auf den Inhalt des Gesprochenen und zu wenig auf die Körpersprache. Dazu gehört der Gang auf die Bühne, die Emotionalität uvm. Von dem, was beim Publikum ankommt, macht der Inhalt des Gesagten nur 7% aus. Der Rest wird durch die Körpersprache, den Tonfall, das Lächeln, den Blick usw. kommuniziert.

Jeder hat das bestimmt schon einmal bewusst wahr genommen: Es wurde bereits sehr viel kommuniziert, bevor überhaupt das erste Wort gesprochen worden ist. Denn die Körpersprache erzählt oft sehr viel mehr als die Worte, die gesagt werden. Wenn man im Rahmen eines Gottesdienstes auf der Bühne aktiv ist, braucht es mehr, als nur gut zu reden. Darum schauen wir uns verschiedene Moderationstechniken und die spezifischen Aufgaben als Moderator im Gottesdienst an. Vorab möchte ich noch die geistliche Verantwortung des Moderators verdeutlichen.

Deine Fähigkeiten

Als Moderator bist du ein Leiter/eine Leiterin (der Einfachheit halber, möchte ich mich nun im Folgenden auf die Form: Leiter, Moderator, etc. beschränken und damit natürlich Frauen und Männer ansprechen). Wie soll man nun den geistlichen Aspekt eines Leiters definieren? Ich glaube, es gibt nicht den oder die „richtigen" Leiter. Du hast Begabungen, um auf der Bühne zu stehen. Dich interessierst das Thema Moderation und Bühne, denn warum sonst, solltest du dieses Buch lesen. Du liebst es von vorne etwas mitzuteilen und das Publikum weiterzuführen. Es ist wichtig, dass das deine Leidenschaft ist und dass du ein Herz dafür hast, Gottesdienste zu leiten und zu gestalten. Das kann ganz unterschiedlich aussehen. Aber ich denke, dass Gott uns nicht ohne Grund so unterschiedlich geschaffen hat. Er hat jeden ganz persönlich mit Fähigkeiten und Eigenschaften, mit Stärken und auch mit Schwächen ausgestattet. Dieses „Gesamtpaket" gilt es immer wieder neu bei sich selbst zu entdecken und zu fördern. Denn was bringt die schönste Begabung, wenn sie entweder brach liegt oder man sich nicht damit beschäftigt und weiterentwickelt. Gott hat uns Talente an die Hand gegeben, damit wir damit „arbeiten" können: für ihn, für andere und auch für uns. Wenn etwas immer nur zäh und schwierig ist, sollte man hinterfragen, ob man hinsichtlich seiner Begabung am richtigen Platz ist oder ob einem das richtige Handwerkszeug fehlt.

Gott hat die Kirche erschaffen und möchte, dass Menschen ihn kennen lernen. Unter anderem dafür ist Kirche da und du kannst dazu beitragen, dass Menschen Gott begegnen. Das kann beispielsweise so aussehen, dass du dein Bestes für Gott und die Gestaltung des Gottesdienstes gibst: dein Herz, deine Leidenschaft, deine Fähigkeiten.

Ich möchte dich ermutigen, dir Zeit zum Nachdenken zu nehmen, was dir am Herzen liegt. Das ist natürlich oft sehr vielfältig und kann sich auch ändern. Aber der Dienst als Moderator ist so wichtig, dass du wirklich am richtigen Platz sein solltest. Wenn du sagst: „Mir bringt es Spaß zu moderieren", wenn du positive Rückmeldungen dafür bekommst, dann ist es mehr als wahrscheinlich, dass du am richtigen Platz bist. Aber sei auch ehrlich zu dir selbst und schaue einmal, ob es eher Lust oder Frust für dich ist, diese Aufgabe wahrzunehmen.

Es ist wichtig, sein eigenes Potenzial zu kennen und dieses zu entwickeln. Denn umso mehr wirst du begeistert von dem, was du tust und wie du es tust.

Deine Beziehung zu Gott

Als Leiter bist du automatisch auch ein Vorbild. Du stehst bei euch in der Kirche auf der Bühne und vertrittst somit deine Gemeinde. Sicherlich wird sich das Publikum stark am Prediger oder Pastor orientieren, aber auch du bist ein geistliches Vorbild und ein Repräsentant für die Gemeinde. Dies soll dich ermutigen und fördern und nicht erschrecken. Die Aufgabe, auf der Bühne zu stehen, kann dich bei deinem persönlichen geistlichen Wachstum unterstützen, denn sie hilft dir deine persönliche Beziehung zu Gott im Fokus zu behalten.

Um dein persönliches Glaubensleben aktiv zu halten, ist es fast so, wie in einer Beziehung zu einem anderen Menschen. Wie immer geht es um Kommunikation. Sprich mit Gott, deinem Vater im Himmel, deinem Schöpfer, mit dem, der dich so unendlich liebt. Wie? Dafür gibt es so viele Möglichkeiten und Ideen. Nimm dir Zeit für das Gespräch mit ihm. Triff dich mit anderen Christen und sprich mit ihnen über geistliche Aspekte, die deinen Alltag praktisch betreffen. Lies in der Bibel, sei aktiv in deiner Kirche dabei, gehe in die Natur und freue dich darüber, was Gott alles für dich getan hat, singe ihm ein Lied, tue etwas Praktisches für ihn…

So wie jede Beziehung unterschiedlich aussieht, so kann auch dein geistliches Leben total unterschiedlich gestaltet sein. Aber verbringe Zeit mit Gott. Teile dich ihm mit und höre ihm auch zu: im Stillen, im Lauten, beim Lesen, beim Austausch mit anderen, durch Eindrücke und vielem mehr. Lasse dich überraschen von ihm und „überrasche" auch mal Gott: mit Dingen, die du noch nie mit ihm oder für ihn gemacht hast. Jede Beziehung braucht ein lebendiges Miteinander. So auch deine Beziehung und Gemeinschaft mit Jesus Christus. Es geht nicht darum, möglichst viele dieser Varianten aus Pflichtübung abzuarbeiten, sondern deinen persönlichen Zugang zu Gott zu finden. Ich persönlich liebe es, allein mit Gott auf meinem Sofa Zeit zu verbringen. Mit einer Tasse Kaffee kann ich mit ihm reden, mich mit ihm über den Tag und alles andere unterhalten. Viele Überlegungen, Wünsche und Träume kann ich mit Gott besprechen und ich will nie solche Zeit mit ihm missen. Gottes Liebe und seine Ideen für mein Leben entdecke ich gerade dann mit ihm: in der Bibel, im Gebet, im Zusammensein. Vielleicht blühst du genauso auf, wenn du in Gemeinschaft bist, in der Natur oder aktiv etwas für ihn tust. Suche die Gemeinschaft mit Gott.

Es lässt sich nicht genau erklären, aber Leute spüren, wenn du Gott in deinem Alltag außen vor lässt und auf der Bühne dich dann als den „Superchristen" darstellst. Vielleicht ist dies ein geistliches Phänomen oder das feine Gespür des Publikums. Auf alle Fälle ist dies ist nicht authentisch. Sei du selbst und sei ehrlich mit dir und mit Gott.

Verbringe Zeit mit Gott, damit du selbst in deinem Leben mehr und mehr aufblühst. Er kennt alle unsere Bedürfnisse und Wünsche. Er weiß, was für uns das Beste ist. Ich möchte es jeden Tag aufs Neue lernen, ihm zu vertrauen: bei meinen Entscheidungen, in der Familie, in der Kirche, im Beruf und in allen Lebensbereichen. Denn Gott meint es gut mit dir und mir.

Diese beiden Punkte finde ich entscheidend: Pflege und lebe deine Beziehung mit Gott und entwickle dein Potenzial. Dies ist für mich eine Basis für den Dienst auf der Bühne im Gottesdienst. Lass dich von Gott begeistern durch die Gaben und die Einsichten in seine Wirklichkeit, die er dir schenkt. Denn wenn du begeistert bist von Gott, wird sich diese Begeisterung auf dein Publikum übertragen.

Ich bin begeistert davon, dass Gott dich und mich so gemacht hat, wie er es getan hat. Er hat sich dabei etwas gedacht. Und er will stets das Beste für uns. Dies zu entdecken und auch daran Spaß zu haben, ist ein Geschenk. Lass dich darauf ein und habe Freude daran, zu moderieren und auf der Bühne zu stehen.

1

DER MODERATOR

Der Moderator

Deine Persönlichkeit

Wenn du auf der Bühne stehst, dann schauen alle Augen auf dich. So sollte es ja sein, denn du leitest in diesem Moment die Veranstaltung. Dies setzt jedoch voraus, dass du es nicht nur freiwillig tust, sondern dass du dich auch auf der Bühne sicher fühlst.

Identität

Je mehr dir bewusst ist, wer du bist, desto einfacher ist es, auf der Bühne zu stehen. Denn auf der Bühne macht man sich immer angreifbar und verletzlich. Dies ist zwar nicht unbedingt angestrebt. Tatsächlich stehst du aber in der Öffentlichkeit, sobald du auf einer Bühne agierst. Selbstverständlich wirst du auch Lob und positive Aufmerksamkeit erhalten. Aber es ist nicht gut, sich seine Anerkennung und Identität durch die Rückmeldung seiner Moderation oder der Auftritte zu holen. Sei dir bewusst, wer du bist. Vieles dazu findest du in der Bibel und in der Beziehung zu Jesus Christus.[1] Der Bereich Identität ist ein sehr weites Thema und könnte Bücher füllen. Ich möchte dir Mut machen, dich persönlich mit diesem Thema auseinanderzusetzen. Reflektiere deinen Selbstwert und deine Haltung dir selbst gegenüber. Denn Menschen erkennen auf der Bühne sehr schnell, wie aufrichtig und wie sicher man ist. Moderation in einem Gottesdienst ist eine wichtige und wertvolle Aufgabe. Die Art, wie du bist und was dich auszeichnet, ist einmalig. Sei dir dessen bewusst und überlege dir, wer oder was deinen Wert bestimmt (oder bestimmen darf).

Sich auf der Bühne wohlfühlen

Es ist ganz natürlich, dass bei den ersten Moderationen auf der Bühne vieles ungewohnt ist. Jedoch sollte man sich auf Dauer grundsätzlich wohlfühlen. Dazu gehört eine gute Vorbereitung. Wenn du weißt, was du auf der Bühne tun und sagen möchtest, vermittelt es dir und dem Publikum automatisch Sicherheit. Du solltest wissen, was kommt, wo es lang geht und überträgst deine klare Orientierung und deine Sicherheit auf das Publikum. So fühlen sie sich gut aufgehoben und abgeholt.

Glaube an das, was du sagst

Wenn du von der Wichtigkeit von dem, was du auf der Bühne sagen möchtest, nicht überzeugt bist, dann solltest du es nicht sagen. Wähle deine Aussagen so, dass du hinter ihnen stehen und deinen eigenen Worten Glauben schenken kannst. Vieles hat mit dem Ziel deiner Moderation zu tun (später dazu mehr). Wenn du dir sicher bist, warum du etwas tust, sagst und machst, dann solltest du dir auch der Wichtigkeit bewusst sein.

Deine Emotionalität

Von jedem Sprecher auf der Bühne wird zu Recht erwartet, authentisch zu sein. Das ist leicht gesagt aber nicht immer einfach umsetzbar. Ein Schritt zu einem authentischen Auftritt ist es, Emotionen zu zeigen. Allein sich dies bewusst zu machen, ist überaus hilfreich. Heute möchte man Personen auf der Bühne erleben, die „echt" sind, Ecken und Kanten haben, Menschen, die man „spüren" kann. Diesen Punkt der Emotionalität solltest du dir dick markieren. Denn dadurch, dass Menschen dich auf der Bühne spüren und erleben, kannst du sie auch einfacher mit deinem Thema erreichen. Es geht heutzutage darum, etwas zu erleben.

Das Publikum erlebt gemeinsam mit dir den Gottesdienst. Dabei entwickeln sich Emotionen und Stimmungen. Dies solltest du als Moderator wahrnehmen und aufgreifen. Du solltest jedoch nicht in irgendwelche Extreme verfallen und heulend oder lachend auf der Bühne stehen. Es geht vielmehr darum, die Atmosphäre zu spüren und zu prägen. Im Folgenden findest du Vorschläge, wie dies praktisch umsetzbar ist.

Präge die richtige Atmosphäre im richtigen Moment

Aufgrund der Programmelemente entstehen bestimmte Emotionen. Da du das Programm kennst, kannst du auf unterschiedliche Stimmungen eingehen. Sie können sicherlich dann immer noch unterschiedlich stark ausfallen, jedoch bist du vorbereitet.

Das gleiche gilt vor einem Programmpunkt. Es ist notwendig die Zuschauer auch emotional vorzubereiten. Bei freudigen und lustigen Elementen mag diese emotionale Hinführung vielleicht weniger beachtenswert erscheinen. Dies ist jedoch unbedingt notwendig, je dramatischer, kontroverser oder auch aufwühlender ein Programmpunkt dargestellt wird. Je besser die Hinführung, desto besser kann der Zuschauer darauf reagieren. Es kann natürlich bewusst ein „Überrumpeln" geplant sein. Dies sollte aber genau gewählt werden und nicht zufällig passieren. Folgt ein dramatischer Videoclip und du bereitest das Publikum kaum oder gar nicht darauf vor, können sie sich wirklich emotional überrumpelt fühlen. Dies bewirkt eher eine Abwehrreaktion. Achte daher unbedingt auf Übergänge.

Bei deinen Formulierungen solltest du eine aktive und positive Wortwahl haben. Darunter versteht man Sätze, die das Handeln und Erleben betonen (z.B. „Wir werden heute…").

Dadurch erreichst du eher eine aktive Beteiligung des Publikums und gestaltest die Atmosphäre dementsprechend.

Für deine Vorbereitung bedeutet dies, dass du die Elemente inhaltlich und emotional kennen solltest. Das kannst du am besten erreichen, wenn du die beteiligten Mitarbeiter fragst. Sie haben die Gottesdienstelemente entwickelt oder stehen währenddessen auf der Bühne. Hilfreich ist immer der eigene erste Impuls. Wenn du z.B. ein Theaterskript das erste Mal liest, solltest du dir Folgendes merken: Wie wirkt dies spontan auf dich? Was fühlst du dabei? Diese Reaktion kann auch bei deinen Zuschauern aufkommen. Darauf stellt sich die Frage, wie du sie darauf vorbereitest (oder auch gerade eben nicht) und wie du danach weiterleitest.

Sei dir dieser Aufgabe unbedingt bewusst und achte auf die Emotionen. Es ist immer besser, auf der Bühne zu sagen „Ich weiß gar nicht, wie ich darauf reagieren soll. Das hat mich so ergriffen/erstaunt/...", als solche Momente zu übergehen. Denn allein durch solch einen Satz zeigst du deine Ehrlichkeit, Offenheit und deine Empathie dem Publikum gegenüber.

Die Menschen möchten dich spüren

Dem einen fällt es sehr leicht zu zeigen, was einen bewegt oder wie es einem geht. Andere wiederrum tun sich eher schwer damit. Manche sind wie ein offenes Buch, in dem man gut lesen kann, andere wirken eher verschlossen. Es ist verständlich, dass man nicht gleich überall sein Innerstes nach außen kehrt, jedoch sollte man sich vor einem Pokerface auf der Bühne scheuen. Denn dies ist nichts anderes als eine Maske und deshalb kein Zeichen von Offenheit, Ehrlichkeit und Authentizität. Es ist wichtig, auf seine Art und Weise seine Gefühle auf der zu Bühne zeigen. Andererseits geht es auch nicht darum, einen „Seelenstriptease" hinzulegen, sondern dafür bereit zu sein, mehr als Sachinformationen weiterzugeben. Aufgrund der Persönlichkeit fällt dies natürlich sehr unterschiedlich aus, ist aber im Grunde ähnlich: Zeige, was du fühlst. Man kann daran gezielt arbeiten. Hierfür ein paar hilfreiche Gedanken:

Sei echt in deinen Emotionen

Wenn du Emotionen zeigst (und das ist auch schon ein Lächeln), solltest du dabei echt sein. Zeige nur Gefühle, die du wirklich fühlst. Versuche nicht etwas zu spielen. Denn dadurch wirkt es eher aufgesetzt. Natürlich kann es sein, dass du sehr angespannt bist, während du auf der Bühne stehst und dort agierst. Vielleicht fühlst du dann gerade nicht diese Emotionen die du spürtest, als du z.B. den gezeigten Videoclip zum ersten Mal sahst. Jedoch hattest du genau diese Emotionen. Fühle dich zurück. Diese Gefühle kannst du verbalisieren und zeigen. Dabei bist du echt, auch wenn es in der Vergangenheit liegt.

Das Publikum hat ein sehr feines Gespür dafür, ob etwas aufgesetzt ist oder nicht. Darum lasse es gleich, Gefühle vorzuspielen und konzentriere dich darauf, etwas Persönliches von dir zu zeigen. Und du selbst entscheidest wie viel es ist.

Zeige deine Emotionen, Ecken und Kanten

Wenn du etwas auf der Bühne von dir persönlich Preis gibst, kannst du auch deine Ecken und Kanten zeigen. Es ist nicht schlimm, wenn evtl. deine charakterlichen Schwächen zum Vorschein kommen. Wichtiger ist, wie du damit umgehst. Kannst du selber darüber lachen, arbeitest du vielleicht daran, dass es sich ändert oder versuchst du sie immer nur zu verstecken. Heute sind Menschen auf der Bühne mit Ecken viel mehr gefragt, als Leute die aalglatt daher kommen. Zeige, wer du bist und hab keine Angst davor. Dies hat auch mit der eigenen Identität und dem Selbstwert zu tun. Durch deine Persönlichkeit zeigst du dem Publikum, dass du genauso bist wie sie: mit Stärken und Schwächen.

Sei begeistert

Sei begeistert von Gott, von den Menschen und von dem Programm des Gottesdienstes. Im Gottesdienst geht es darum, Gott zu erleben und zu feiern. Als Moderator leitest du die Leute darin an. Da ist es natürlich hilfreich, wenn du von Gott, der Beziehung, die du zu ihm hast und seiner Art begeistert bist.

Den Menschen, die im Publikum sind, solltest du mit Achtung, Respekt und Liebe begegnen. Bist du von ihnen begeistert und freust dich mit ihnen Zeit zu verbringen, spürt man dir das ab.

Sei begeistert von dem Inhalten des Gottesdienstes und deren Ablauf. Vielleicht ist es nicht immer alles dein persönlicher Geschmack, jedoch kann es deinen Gästen „schmecken“.

Bei allen Emotionen und Gefühlen solltest du deine anderen Aufgaben als Moderator nicht vernachlässigen. Emotionen sind ein wichtiger Punkt, jedoch sollten sie das Programm unterstützen und dir in deiner Authentizität helfen. Gehen einerseits deine Berichte und Gefühle Richtung „Seelenstriptease“, wird es für das Publikum sehr unangenehm. Zeigst du andererseits keine Emotionen und möchtest nur die Sachlagen weitergeben, ist es für die Zuschauer genauso schlecht. Finde ein gesundes Mittelmaß und sei dir bewusst, wie du etwas weitergibst.

Tipps:

- Erzähle persönliche Beispiele aus deinem Leben, die zu dem Thema passen.
- Sei dir bewusst, dass du Emotionen zeigen solltest. Dies verhilft schon eine Veränderung in deiner Mimik, da garantiert deine Gesichtszüge diese Gefühle zumindest ein Stück weit nach außen tragen.
- Gebrauche passende Adjektive in deinen Erzählungen.
- Lächle und beachte deine Mimik. Übe dafür vor einem Spiegel oder nimm dich vorher mit einer Kamera oder Handy auf.
- Sprich darüber wie etwas für dich ist, war oder sein könnte. Damit sprichst du automatisch mehr als nur über den Sachinhalt.

Als mir klar geworden ist, wie wichtig es ist, die eigenen Emotionen auf der Bühne zu zeigen, gab das mir eine große Erleichterung. Ich habe mich dann darauf konzentriert, meine Gefühle und meine Art auf der Bühne mehr zu zeigen. Denn so wird vieles andere für die Zuschauer erst verständlich und sie können es richtig einordnen. Mich entspannt das. Dadurch fällt es viel leichter, eine Atmosphäre zu schaffen, bei der das Publikum sich wohlfühlt. Hinzu kommt, dass ich trotz Fehler und eigener Patzer auf der Bühne sicher sein kein, dass man mir das nicht all zu übel nimmt. Denn sie spüren und erleben mich und bekommen mit, wie ich dazu stehe. Was ist mir nicht alles passiert: Liedtexte als Sänger vergessen oder völlig vertauscht, Namen von Freunden auf der Bühne nicht mehr gewusst, T-Shirt auf Grund der Anspannung triefnass geschwitzt und so manches mehr. Es ist sehr hilfreich zu wissen, dass gerade diese kleinen Patzer mich authentisch und menschlich erscheinen lassen.

Kurz zusammengefasst

- Sei dir deiner Identität bewusst.
- Fühle dich auf der Bühne wohl.
- Glaube an das was du sagst.
- Präge die Atmosphäre im richtigen Moment.
- Erkenne und nutze die Stimmung.
- Formuliere aktiv und positiv.
- Bereite dich auf die Emotionen vor (Infos einholen).
- Sei echt in deinen Emotionen. Spiele nichts vor.
- Zeige gerne auch mal deine Ecken und Kanten.
- Sei begeistert von Gott, Menschen und dem Programm des Gottesdienstes.
- Vernachlässige dabei nicht deine anderen Aufgaben als Moderator.

2

DIE AUFGABE ALS MODERATOR

Die Aufgabe als Moderator

Von der Persönlichkeit, der Identität und der Emotionen, kommen wir zu den Aufgaben eines Moderators. Das Publikum hat – meist unbewusst – bestimmte Erwartungen an den Moderator. Diese sind auch meist unabhängig von der Art des Gottesdienstes oder der Veranstaltung. Diese sollte man kennen und sich der Aufgaben bewusst sein.

Wenn Menschen dir zuhören, bringen sie fünf unausgesprochene Erwartungen mit, die du als Redner kennen musst.

Der Zuhörer will …

- deine Sprache verstehen (Benutze keine Fremd- oder Fachsprache, z.B. Fromm-Deutsch, Fachbegriffe, etc.).
- in seinem Selbstwertgefühl nicht verletzt werden.
- mit seinen Fragen und Einwänden vorkommen.
- ernst und wahrgenommen werden.
- sich nicht langweilen.

Wenn du diese Fragen bei deinem Auftritt beachtest, wirst du es viel leichter haben, deinem Publikum das mitzuteilen, was dir auf dem Herzen liegt. Dies gilt als Moderator, aber auch für jeden anderen Akteur auf der Bühne. Um diesen Erwartungen gerecht zu werden, sollen dir folgende Aufgabenbeschreibungen helfen:

Du bist der Gastgeber

Als Moderator bist du der Gastgeber des Gottesdienstes. Die Zuschauer sind deine Gäste. Wie bei einer eigenen Feier zu Hause, sollte es dir ein Anliegen sein, dass alle sich wohl und willkommen fühlen. Hast du zu Hause verschiedene Leute eingeladen, wirst du sie sicherlich unterschiedlich begrüßen. Freunden, die schon sehr oft bei dir zu Gast waren, sagst du schnell Hallo. Sind Bekannte zu Gast, die das erste Mal bei dir sind, fällt die Begrüßung etwas anders aus. Du erklärst ihnen vielleicht kurz, wo sie etwas finden können (Buffet, Küche, Badezimmer). Zudem sorgst du dafür, dass sie sich gerade jetzt bei ihrem ersten Besuch zurechtfinden. Genau dies ist auch deine Aufgabe als Moderator in einem Gottesdienst. Begrüße die unterschiedlichen Gäste so, dass sie sich willkommen fühlen und sich im Rahmen des Gottesdienstes zurechtfinden.

Als Gastgeber repräsentierst du die eigene Kirche und Gemeinde. Bei einer Feier bei dir zu Hause verbinden die Gäste deine Wohnung mit dir und umgekehrt. In der Kirche gibt es diese ähnliche Verbindung: Du selbst als Gastgeber und die Kirche als solche. Denn so wie du bist und du dich verhältst, bist du für das Publikum ein Vorbild für die Mitglieder der Kirche. Dies soll in keiner Weise einen Druck ausüben. Als Christ bist du sowieso ein Vorbild – durch das, was du tust, wie du dich verhältst und was du sagst. Stehst du auf einer Bühne fällt dies nur etwas mehr auf. Es kann dich im persönlichen Leben unterstützen, bewusst als Christ und Vorbild zu leben. Mit deinen ganzen Stärken und Schwächen. Es geht nicht darum, fehlerlos zu sein, sondern darum, wie man mit den Stärken und Schwächen umgeht.

Du vertrittst die Interessen des Publikums

Als Moderator trittst du für die Interessen und Fragen des Publikums ein. Aufgrund des Themas des Gottesdienstes können Fragen oder auch Einwände bei den Zuhörern aufkommen. Diese solltest du vorwegnehmen und verbalisieren (z.B. bei deiner Anmoderation für die Predigt). Allein dadurch, dass du vielleicht eine provokante Frage bezogen auf das Thema in den Raum wirfst, zeigst du, dass du das Publikum mit ihren Einwänden ernst nimmst.

Auch bei deinen Formulierungen solltest du ein Bewusstsein für die Gäste haben. Verstehen dich Personen, die das erste Mal in ihrem Leben in einem Gottesdienst sind? Vermittel auch kein internes Gefühl. Wenn Besucher in einem Gottesdienst sind und sich wie Außenseiter vor kommen, hast du deine Aufgabe als Moderator nicht richtig wahrgenommen. Du kannst dies umgehen, indem du Fachbegriffe vermeidest und kircheninternes Wissen nicht voraus setzt.

Beispiele:
Anstatt: Lasst uns gemeinsam worshippen / Lasst uns gemeinsam in den Lobpreis gehen.
Besser: Lasst uns gemeinsam Gott mit Liedern danken.

Anstatt: Wir sind ja in der Predigtreihe: so-und-so
Besser: Wir sind in der Predigtreihe: so-und-so

Anstatt: Hallo Kirche XY
Besser: Hallo

Anstatt: Güte des Herrn, Blut des Lammes, Königsthron
Besser: Begriffe erklären, umschreiben oder weglassen

Oft kann man mit solchen Nebensätzen und Worten den Gottesdienst für Gäste verständlicher moderieren.

Stell dir vor, die Zuhörer hätten jeder ein Quietscheentchen dabei. Immer wenn du einen christlichen Fachausdruck benutzt, wird gequietscht. Dies kann man zum Beispiel bei einem Teamtreffen oder in einem kleinen Kreise wirklich einmal umsetzen werden, um an den eigenen Formulierungen zu arbeiten.

Kurz zusammengefasst

- Du bist der Gastgeber.
- Du vertrittst die Kirche.
- Nehme die Fragen des Publikums vorweg und verbalisiere ihre Interessen.
- Benutze Formulierungen, die auch für die Gäste verständlich sind.
- Vermittel kein internes Gefühl.

Du hast ein Ziel

Wenn du moderierst und auf der Bühne stehst, solltest du ein Ziel haben.

Als Gastgeber begrüßt du die Leute. Du musst dir darüber im Klaren sein, dass du die Veranstaltung leitest. Um dies optimal zu gestalten, solltest du dir deiner Absichten für deinen Auftritt bewusst sein. Die einfachste Lösung hierfür ist, wenn du dir klare Ziele für die einzelnen Moderationen schriftlich formulierst. Eine Zielformulierung könnte sein: „Das Publikum willkommen heißen und eine positive Atmosphäre erzeugen."

Hier sind ein paar Fragen notiert, die dich bei deiner Zielfindung unterstützen:

- Was möchte ich kommunizieren und warum?
- Was möchte ich wirklich sagen?
- Welche Informationen benötigt das Publikum?
- Passt das Ziel in den Ablauf des Gottesdienstes (thematisch, emotional)?

Damit du deine Ziele setzen kannst, musst du über alles im Programm informiert sein. Je nach dem wie die internen Abläufe organisiert sind, bekommst du diese Infos automatisch. Wenn dies nicht der Fall sein sollte, musst du sie dir holen. Um eine gute Moderation zu ermöglichen, brauchst du ein Hintergrundwissen von dem, was in diesem Gottesdienst noch geplant ist.

Durch die Zielformulierungen kannst du viel sicherer auf der Bühne stehen. Du weißt, was du wirklich sagen möchtest. Diese Informationen geben dir und dem Publikum Sicherheit und eine gute Anleitung für den Gottesdienst.

Du kommunizierst von der Bühne – immer! Ob du etwas sagst oder nicht, ob du weißt, wo du hin möchtest oder nicht, wirst du auf der Bühne gesehen und deine Handlungen werden interpretiert. Darum empfehle ich dir, ein klares Ziel zu haben, damit du eindeutiger kommunizieren kannst.

Mit dem Ziel kann dein Herzensanliegen verbunden werden. Was ist dir besonders wichtig? Wie kann das der Zuhörer mitbekommen? Durch die eigene Überzeugung und dem, was man wirklich auf dem Herzen hat, bekommt die Moderation Kraft. Dies wird meist über die Augen transportiert. Stelle dir die Fragen: Was will ich wirklich sagen? Was habe ich auf dem Herzen? Anhand eines Beispiels möchte ich das verdeutlichen:

> *Das Ziel für eine Moderation ist: Das Publikum für den Bücherstand begeistern.*
> *Macht man sich nicht viele Gedanken, kann die Moderation sich wie folgt anhören: „Wir haben einen Bücherstand im Foyer, dort kannst du Bücher kaufen.“*
> *Steht hinter dem Ziel eine Überzeugung und ein Anliegen, kann die Moderation ganz anders wirken: Ich bringe ein Buch mit auf die Bühne, das ich gelesen habe und das mich verändert hat. Davon berichte ich kurz mit dem Hinweis auf den Bücherstand.*[2]

Das Ziel ist in diesem Beispiel, die Leute für den Bücherstand zu begeistern. Durch das persönliche Beispiel des Moderators wird gezeigt, dass er davon überzeugt ist. In einer Moderation sollte man sich über die Ziele im Klaren sein. Denn dadurch kann man seiner Aufgabe als Moderator besser nachkommen.

Du baust Brücken
Diesen Punkt möchte ich sehr betonen. Denn dadurch, dass du als Moderator Brücken baust, kannst du dem gesamten Gottesdienst oder der Veranstaltung einen entscheidenden Einfluss geben. Gerade für die Zielformulierung solltest du diese „Brücken" im Fokus haben.

Du baust Brücken vom Programm zum Publikum
Du bist über das Programm und deren Inhalt informiert. Als Gastgeber weißt du über alles Wichtige Bescheid. Nun geht es darum, dass du das Thema inhaltlich und emotional dem Publikum nahe bringst. Dadurch, dass du ihre Fragen und Interessen aufgreifst, hast du schon einen ersten Schritt getan, eine erste Brücke gebaut. Wenn du von dem Programm und der folgenden Predigt überzeugt bist, kannst und solltest du dies dem Publikum vermitteln. Alles andere hat keinen Raum. Das Programm des Gottesdienstes soll zu deinem eigenen Programm werden. Wenn du dafür mehr Informationen benötigst, musst du dir diese holen.

Du baust Brücken zwischen den Programmelementen
Die verschiedenen Programmelemente sollen harmonisch ineinander fließen. Manchmal geschieht das wie von allein, aber im Regelfall benötigt es eine gute Moderation und gute Planung. Du musst dir bei jedem deiner Auftritte über das Ende des vorherigen Elementes bewusst sein. Dazu zählt nicht nur der thematische Inhalt, sondern auch gerade der emotionale. Welche Atmosphäre wird nach einem Element im Publikum herrschen?

> *Beispiel: Wurde direkt vor deinem Auftritt ein Lied gesungen, kann dies ganz unterschiedlich enden. Je*

nach Dynamik und auch Planung der Musiker, kann ein und dasselbe Lied, unterschiedlich beendet werden. Klingt es einfach aus oder wird das Lied am Ende von der Dynamik anders interpretiert.

Auf Grund der unterschiedlichen Dynamiken muss man die „Brücke" zum nächsten Programmpunkt anders bauen. Aber du musst sie bauen. Das Ende des vorigen Programmpunktes und der Anfang des folgenden sollen ineinander übergehen.

Du kannst die verschiedenen Elemente gut vom Inhalt her verbinden. Z.B. kannst du vom Songinhalt zum Predigtinhalt überleiten. Achte darauf die verschiedenen Punkte nicht als reine Aufzählung weiterzugeben („Erst kommt das, davor noch dieses, dann folgt die Predigt"). Überlege dir viel mehr in deiner Vorbereitung, wie der Gottesdienst und die Elemente zusammenpassen. Idealerweise habt ihr zusammen als Team den Ablauf geplant und durchdacht. Nun ist es deine Aufgabe, die notwendigen Moderationen auf den Inhalt und deren Emotion abzustimmen. Beachte dabei den Spannungsbogen der gesamten Veranstaltung. Kommt ein „emotional tieferer Moment" (z.B. in einem Videoclip), dann musst du dorthin leiten und diesen Punkt nicht vorweg nehmen.

Du baust Brücken und verbindest die Elemente. Entstehen Lücken – geplant oder ungeplant –, ist es deine Aufgabe, diese zu schließen. Dies kann dadurch geschehen, dass du thematisch weiterleitest oder einfach den nächsten Punkt ansagst.

Grundsätzlich sind die Thematik und die Atmosphäre vom Ende vom vorigen und Anfang des folgenden Elementes sehr wichtig. Spanne einen Bogen zwischen diesen Punkten und verbinde dadurch den gesamten Gottesdienst.

Kurz zusammengefasst

- Du leitest den Gottesdienst.
- Setze dir Ziele für jede einzelne Moderation.
- Sei über das gesamte Programm informiert.
- Du kommunizierst immer von der Bühne.
- Baue Brücken vom Programm zum Publikum.
- Baue Brücken zwischen den Programmelementen.
- Beachte Inhalt und Emotion der Elemente.
- Achte auf alle Übergänge der Elemente.
- Beachte den Spannungsbogen.
- Fülle entstehende Lücken.

3

MODERATIONS-ARTEN

Moderationsarten

Mit diesen Hintergründen und den verschiedenen Aufgaben geht es nun zur eigentlichen Vorbereitung der Moderation.

Im Folgenden möchte ich verschiedene Formen und Strukturen von Moderationen vorstellen. Diese kleine Auswahl dient dazu, Abwechslung in die Moderation zu bringen.

Einzel- oder Doppelmoderation

Um es vorweg zu nehmen: Doppelt zu moderieren ist doppelt so schwer. Je nach Art des Gottesdienstes oder der Veranstaltung kann es möglich sein, dass eine Doppelmoderation gut passen würde. Wenn für einen die Aufgabe des Moderierens noch neu ist, fühlt man sich zu zweit nicht so allein auf der Bühne. Jedoch kann mehr schief gehen. Denn gerade bei einer Doppelmoderation muss viel mehr geprobt und abgesprochen werden, damit ein flüssiger Ablauf gewährleistet ist. Wenn du gerade erst die Moderation in deiner Gemeindc übernommen hast, fange deshalb mit einer Einzelmoderation an. Dies ist einfacher und gibt für eine eventuelle spätere Doppelmoderation die nötige Erfahrung.

Gerade Moderation

Dies ist die bekannteste Art für eine Moderation. Es gibt einen Einstieg, einen Hauptteil und einen Schluss. Diese Variante ist klar, einfach und funktioniert gut. Der Einstieg kann thematisch sein oder eine reine Begrüßung des Publikums darstellen. Sehr oft ist diese Art der Moderation mit anderen Varianten verknüpft oder ergänzt.

Beispiel:
Herzlich Willkommen ...(Einstieg)
Heute haben wir ... (Hauptteil)
Und nun viel Spaß dabei ... (Schluss)

Fokussierende Moderation

Bei dieser Variante beginnt man beim Allgemeinen und wird immer spezifischer, so dass man zum Ziel hinführt. Es wird sozusagen thematisch immer konkreter. Der Vorteil dabei ist, dass man die Zuhörer gut mit einer allgemeineren Thematik abholen und auch eine Spannung erzeugen kann.

Beispiel:
Alle reden…
Neulich hat mich auch jemand angesprochen…
Und Gott redet auch. Dazu jetzt mehr…

Aufziehende Moderation

Hier beginnt man mit einem Knaller. Man kommt vom Besonderen zum Allgemeinen und führt so zum Thema hin. Dadurch erzeugt man direkt am Anfang eine starke Aufmerksamkeit. Die Leute sind sehr gespannt darauf, was der Moderator noch sagen wird. Wichtig dabei ist, den Knaller mit einer kleinen Pause kurz wirken zu lassen. Die Zuhörer müssen das Gesagte hören, kurz sacken lassen und reagieren können.

Beispiel:
Ich habe als Kind meinen Teddy getauft…

Ich wollte, dass er in den Himmel kommt…
Was Taufe bedeutet, hören wir heute…

Quereinsteiger

Bei dieser Moderation führt man das Publikum erst einmal auf die falsche Fährte. Erst im weiteren Verlauf der Moderation erfährt der Zuhörer, worum es wirklich geht. Dadurch entsteht eine Zeitlang eine Neugierde, wo der Moderator thematisch überhaupt hin möchte. Beachten sollte man hierbei, dass man den Bogen nicht zu weit spannt und zu lange zu weit abdriftet.

Beispiel:
Als Kind habe ich es geliebt mit Wasser zu spielen…
Mein Teddy ging auch immer mit baden…
Habe ihn dann einmal während dessen getauft. Sollte ja in den Himmel kommen…
Heute geht es auch um die Taufe….

Kurz zusammen gefasst

- Doppelmoderation ist doppelt so schwer.
- Wechsle deine Moderationsarten.

4

MODERATIONS-VORBEREITUNG

Moderationsvorbereitung

Um gut den Gottesdienst oder die Veranstaltung zu leiten, benötigst du Informationen. So viele wie möglich. Alles, was mit dem Thema und dem Programm zu tun hat, solltest du in Erfahrung bringen. Du musst das Ziel der Predigt und des Gottesdienstes kennen. Über jedes Element, das im Gottesdienst vorkommt, brauchst du die Hintergründe (Inhalt, Emotionen, eventuelles Ziel und Dauer). Wie oben bereits erwähnt ist es deine Aufgabe, die Informationen zu besorgen, wenn der Informationsfluss nicht durch die internen Strukturen der Gemeinde gewährleistet ist. Denn du trägst die Verantwortung als Gastgeber. Hole dir die Angaben über die Programmpunkte von den verschiedenen Mitarbeitern: Prediger, Lobpreisleiter, kreative Teams, Programmleiter/Produzent, etc.

Zur Vorbereitung gehört es auch, den Raum der Veranstaltung zu kennen. Für deine Aufgabe ist es wichtig, zu wissen, wie dieser Raum aussieht, wie groß die Bühne ist und wie viel Platz dir dort zu Verfügung steht. Du solltest die Raumverhältnisse kennen, denn dadurch können sich unterschiedliche Anforderungen an dich stellen. Ist die Bestuhlung sehr weit aufgefächert, musst du dementsprechend viel mehr auf der Bühne agieren, damit du das gesamte Publikum im Blickkontakt haben kannst. Wie sieht die Bühne aus? Gibt es dort etwas besonders zu beachten (Aufbauten, Podest usw.)? Diese Angaben geben dir Sicherheit für deine Vorbereitung.

Die thematische Vorbereitung

Wenn du alle notwendigen Infos zu dem Gottesdienst hast, geht es nun in die eigene thematische Vorbereitung. Als Gastgeber der Veranstaltung bringst du den Menschen das Thema näher.

Verschaffe dem Thema Relevanz

Dies ist für das Ziel und die Predigt des Gottesdienstes von großer Bedeutung. Denn durch deine Moderation bereitest du das Publikum auf das Thema vor und leitest sie idealerweise dort hin. Durch die richtige Wortwahl und Hinführung bewirkst du eine größere Bedeutung bei den Zuhörern für das Thema. Jedes Thema eines Gottesdienstes sollte natürlich schon im Vorwege für die Menschen relevant sein. Doch ist dies den Gottesdienstbesuchern nicht immer bewusst. Nun kannst du dies bewirken, indem du u.a. folgende Punkte einbringst. Je nach Thematik kannst du einzelne Aspekte herausgreifen oder auch alle davon verwenden.

Aktuelle Beispiele zum Thema

Bringe aktuelle Beispiele, die zum Thema des Gottesdienstes passen. Dies können Informationen aus Zeitschriften, aktuelle Nachrichten oder Berichte aus dem Umfeld sein. Dadurch zeigst du dem Zuhörer noch einmal auf, dass das gewählte Thema des Gottesdienstes den Alltag der Leute wirklich aufgreift.

Persönliche Beispiele

Eigene Beispiele in der Moderation zu bringen, ist das Beste. Du zeigst etwas von dir selbst, deine Einstellungen, deine Haltung und Erlebnisse. Dadurch wirkst du authentisch und nahbar. Es ist auf der Bühne immer wichtig, echt zu sein. Um das zu erreichen, sind diese persönlichen Beispiele eine tolle Möglichkeit. Als Leiter der Veranstaltung solltest du eine persönliche Relevanz zum Thema haben. Durch deine eigene Geschichte kannst du eine Verbindung zum Zuschauer und dem Thema aufbauen. Diese „Brücke“ führt den Gottesdienst zum Ziel weiter.

Offene Fragen

Du kannst bei deiner Moderation auch offene Fragen stellen. Diese thematisch gebundenen Fragen sollten aber unbedingt in der folgenden Predigt aufgegriffen oder gestreift werden. Darum ist es wichtig, gerade bei offenen Fragen, diese kurz mit dem Prediger abzusprechen. Es kann sonst passieren, dass gute Fragen aufgeworfen werden, die Predigt diese jedoch nicht behandelt. Denn bei jedem Thema muss man sich auf einige wenige Aspekte beschränken.

Erwartungshaltung unterstützen

Durch deine Moderation und die verschiedenen kreativen Elemente im Gottesdienst, wird eine Erwartungshaltung auf die Predigt hin aufgebaut. Es gibt ein Ziel für den Gottesdienst, welches man gemeinsam erreichen möchte. Das Publikum ist gespannt, was der Prediger zu dem Thema sagen wird. Diese Haltung solltest du als Moderator unterstützen. Dies erreichst du u.a. mit den erwähnten Beispielen und Fragestellungen. Kontraproduktiv sind Sätze wie: „Ich bin auch gespannt, was jetzt kommt. Lassen wir uns überraschen…". Denn damit zeigst du, dass du keine Ahnung von dem Programm des Gottesdienstes hast, obwohl du die Veranstaltung leitest. Dadurch schaffst du, wenn auch nur unbewusst, bei dem Publikum eine Unsicherheit.

Bei der thematischen Vorbereitung können dir folgende Fragen eine Hilfe sein.

Unterstützende Fragen

- Was würde ich denken, wenn ich das Thema zum ersten Mal höre?
- Verstehe ich das Thema ohne christlichen Background?

- Was könnte für eine Stimmung nach den einzelnen Elementen entstehen?

Kurz zusammengefasst

- Hole dir die Informationen über den Gottesdienst.
- Du solltest das Thema und das Ziel des Gottesdienstes kennen.
- Was sind die thematischen Inhalte der einzelnen Elemente?
- Was sind die emotionalen Inhalte der einzelnen Elemente (gerade Anfang/Ende)?
- Wie sind der Raum und die Bühne beschaffen?
- Verschaffe dem Thema durch Aktualität Relevanz.
- Bringe persönliche Beispiele in deine Moderation ein.
- Stelle offene Fragen.
- Unterstütze die Erwartungshaltung auf die Predigt.

Moderationsbausteine

Bei einem Gottesdienst gibt es oft wiederkehrende Elemente, z. B. die Begrüßung, die Ankündigung der Kollekte oder auch Ansagen für verschiedene Termine. Diese „Moderationsbausteine“ und Informationen sollten immer wieder neu verpackt werden, denn sonst nutzen sie sich ab und keiner hört mehr richtig zu.

Allgemein

Grundsätzlich sollten die Moderationen kreativ gestaltet werden. Versuche gerade ähnlich ablaufende Auftritte sehr unterschiedlich zu gestalten. Der Zuschauer kommt idealerweise öfters zum Gottesdienst und sollte nicht jede Woche das gleiche hören.

Hier sind ein paar Tipps für die Gestaltung der Moderation:

- Sei kreativ bei deiner Moderation.
- Versuche auch mal deine Ansagen zu visualisieren. Nimm z.B. den Einladungsflyer für die angesagte Veranstaltung mit; greife das kreative Bild des Gottesdienstes auf.
- Suche dir passende Witze und Anekdoten heraus. Lachen entspannt und holt die Menschen ab. Thematisch passend kann dies eine gute Hinführung sein.
- Sei tagesaktuell und greife allgemeine Themen der Gesellschaft auf, um diese mit dem Gottesdienstthema zu verknüpfen (s.o.).
- Variiere immer wieder neu deine Moderation. Lege neue Betonungen. Dies gilt vor allem bei den Infos, Ansage der Kollekte und ähnlichem (s.u.).

Begrüßung
Bei jeder Veranstaltung ist eine Begrüßung des Publikums obligatorisch. Dies geschieht in den meisten Fällen durch den Moderator und sollte frisch, aktiv und begeistert geschehen. Was bei dem Publikum auf alle Fälle in Erinnerung bleiben wird, ist der Anfang und das Ende einer Veranstaltung. Darum sollte genau diese gut vorbereitet sein. Mache dir Gedanken, wie du etwas sagst. Je nach Gemeinde kann dies unterschiedlich aussehen, da ein anderes Publikum anwesend ist. Doch jeder freut sich, wenn er herzlich begrüßt wird.

Wenn Gäste das erste Mal in einem Gottesdienst sind, wissen sie meistens nicht, was auf sie zukommt und wie lange es dauert. Dadurch entsteht bei den Erst-Besuchern eine Art Angst bzw. Unbehagen. Diesem Gefühl kann man mit einer Begrüßung begegnen. Man kann gezielt Gäste kurz begrüßen („Bist du heute das erste Mal hier, dann sei willkommen…"). Mit kleinen Nebensätzen kann für diese Gruppe Informationen für den Ablauf des Gottesdienstes weitergegeben werden (z.B. Dauer des Gottesdienstes: „… in der nächsten Stunde werden wir…"). Bei der Begrüßung sollte kein internes Gefühl vermittelt werden („Hallo Kirche XY… wie ihr alle wisst…"). Gäste fühlen sich dabei nicht angesprochen.

Eine Begrüßung kann auch durch einen Sänger am Anfang erfolgen. Wird zu Beginn erst ein Lied gesungen, kann direkt davor, beispielsweise während die Musik schon spielt, das Publikum durch diesen begrüßt werden.

Meiner Meinung nach sollten die unterschiedlichen Akteure nach der offiziellen Begrüßung der Zuschauer, nicht jedes Mal selbst noch die Leute willkommen heißen („… auch noch mal von meiner Seite herzlich willkommen / ein Hallo…"). Dies ist überflüssig und wirkt gerade im Verlauf des Gottesdienstes eher merkwürdig. Läuft die Veranstaltung schon, ist jede Begrüßung nach den ersten fünf bis zehn Minuten eigenartig für das Publikum. Die Ausnahme ist, wenn eine kurze Begrüßung durch die Band erfolgt ist und direkt danach der Moderator auftritt. Dieser kann als Gastgeber noch einmal die Menschen begrüßen. Im Fernsehen kann man sich gerade auch für diesen Punkt Anregungen holen. Bei großen Abendshows gibt es eine Begrüßung vom Moderator und die verschiedenen Künstler die auftreten, begrüßen meist das Publikum nicht noch einmal extra. Natürlich gibt es auch dort Ausnahmen.

Für die Anfangsmoderation ist ein „atmosphärischer Eisbrecher" nützlich. Dies kann ein lustiger, thematischer Aufhänger, ein Witz oder auch Lob dem Publikum gegenüber sein. Solche Art der Begrüßung gibt dir Sympathie und Rückenwind für deine weitere Moderation.

Kurz zusammengefasst

- Sei herzlich, begeistert und begrüße dein Publikum.
- Beachte die Gäste und ihre Bedürfnisse.
- Eine Begrüßung im Gottesdienst ist ausreichend.
- Nutze einen „Eisbrecher".

Kollekte

In fast allen Gottesdienstes wird eine Kollekte oder ein Kostenbeitrag eingesammelt. Durch u.a. diese Spenden finanziert sich die Kirche und Gemeinde. Da es um Geld und somit ans „Eingemachte" geht, möchte man als Moderator am liebsten um solche Themen einen kleinen Bogen machen. Lieber schnell abhandeln, als sich die Finger verbrennen. Manchmal kommt es einem so vor, als ob man auf der Bühne steht und um Geld betteln muss. Dies ist kein angenehmes Gefühl und darum möchte man, dass es schnell vorüber ist („… und nun haben wir unsere Kollekte. Vielen Dank….").

Wenn es dir so geht, musst du dringend deine Haltung zu der Kollekte ändern.

Kollekte ist etwas Wunderbares. Warum? Es gibt viele Gründe. Ich möchte ein paar nennen und dir die Scheu davor nehmen.

Kommuniziere die Vision

Zu Beginn möchte ich deutlich machen, dass hinter der Idee, Geld in einem Gottesdienst einzusammeln ein wichtiger Grund steckt. Was geschieht denn mit dem Geld? Und noch viel wichtiger: Wer hatte die Idee, dass jeder etwas von seinen Finanzen abgibt?

Mit dem Geld wird Kirche gebaut, Mieten und Gehälter bezahlt und den Menschen Gottes Liebe näher gebracht. Um den Menschen der Stadt Gottes Werte, seine Liebe und seine Nachricht aus der Bibel weiterzugeben, braucht es auch Geld. Gott möchte uns daran beteiligen. Er möchte uns nicht außen vor lassen. Sondern wir sollen aktiv werden, indem wir von ihm erzählen, dies vorleben und auch teilen. Es ist Gottes Idee und ein Vorrecht, dass er uns an seiner Arbeit beteiligen möchte. Hat Gott Geldprobleme? Steckt er in Finanznot?

Sicherlich nicht. Für Gott ist nichts unmöglich. Also geht es um uns Menschen. Wir können viel lernen, indem wir beginnen, von dem, was wir haben, abzugeben und zu teilen. Wir können gemeinsam unser Umfeld positiv prägen.

Es gibt noch so viel über Geld und Finanzen zu schreiben. In der Bibel gibt es unzählige Verse über das Geld. Jesus redet in sehr vielen Stellen darüber. Beschäftige dich doch einmal damit.

Wenn du also eine Kollekte ansagst, komme von der Vision her, die da hinter steckt.

- Zusammen können wir die Stadt erreichen.
- Gott möchte uns an seiner Arbeit beteiligen.
- Wie können damit Sachen anschaffen, die zum Bau seiner Kirche benötigt werden.
- Gehälter können bezahlt werden.
- Menschen kann auf zeitgemäße Art Gottes Nachricht weitergegeben werden.

Tritt nicht als Bettler auf. Es geht nicht darum, dass du dich klein machst und für die Finanzen deiner Kirche sorgen musst. Es geht nicht um die „notwendige Hilfe“ und „vielen Dank für deine Spende“. Es geht vielmehr darum, dass die Menschen an einer Vision beteiligt werden können. Sie tragen dazu bei, dass Menschen Jesus finden und ein Ort gestaltet wird, wo man Gott der Art begegnen kann.

Benutze auch mal verschiedene Beispiele und Bereiche der Kirche um aufzuzeigen, wofür das Geld verwendet wird („… bei der Jugendarbeit haben wir… um für die Kinder eine Möglichkeit zu bieten…“). Traue dich über Geld zu sprechen, denn damit kann viel bewegt werden. Hilfreich kann es sein über dieses Thema mit deinem Pastor oder mit der Gemeindeleitung einmal zu sprechen.

Gut ist es, bei jeder Ansage für die Kollekte kurz zwei Punkte zu erwähnen: 1. Es ist freiwillig. 2. Danke.

Kurz zusammengefasst

- Kommuniziere bei der Kollekte die Vision.
- Tritt nicht als Bettler auf.
- Erzähle Beispiele, wofür das Geld verwendet wird.
- Erwähne, dass es sich um eine freiwillige Sache handelt und sage Danke.

Moderation nach der Predigt

Für den Auftritt nach der Predigt solltest du verschiedene Punkte abklären. Der Prediger kann dir vorab mitteilen, wie seine Predigt voraussichtlich enden wird. Hält er zum Abschluss gleich ein Gebet oder fordert er die Leute auf, etwas zu tun (für sich beten lassen, etwas für sich aufschreiben, usw.)? Eine wichtige Info für dich ist, wie emotional bewegend die Predigt abgeschlossen wird. Ist es ein seelsorgerliches Thema, muss man anders darauf Bezug nehmen, als beispielsweise bei einem thematisch völlig anderem Thema (z.B. Freude, Ermutigung, usw.).

Was ist der Kernpunkt der Predigt?

Aufgrund der Zielvorgabe oder auch Keymessage ist der Kernpunkt idealerweise vor dem Gottesdienst klar. Es ist jedoch hilfreich, während der Predigt diesen mitzuschreiben. Es geht um die Wirkung der Predigt als Ganzes. Hilfreich ist es, sich zu notieren, wo die Schwerpunkte lagen und was ausgesagt wurde.

Hier ein paar Tipps für die Abmoderation nach einer Predigt:

- Wiederhole kurz den Kernpunkt/die Hauptaussage der Predigt.
- Gebe eine kurze Anwendung für die Aussage der Predigt durch ein Beispiel. („Lasst uns doch diese Woche probieren...“)
- Eine weitere Möglichkeit ist es, dem Prediger „nur“ kurz zu danken (evtl. kann man auch einen Applaus initiieren). („Vielen Dank für deine Predigt...“) Dies ist auch gerade bei sehr tief emotionalen Themen möglich.
- Eine sehr gute Moderation ist es, das Thema der Predigt

mit einem Angebot, z.B. für ein persönliches Gebet im Anschluss, zu verknüpfen. („Wenn du in diesem Punkt Unterstützung brauchst, kannst du gerne im Anschluss ...")

- Was du nicht tun solltest, ist die Predigt zu ergänzen. Grundsätzlich kann man nicht alles in einer Predigt erwähnen. Lass sie einfach stehen. Deine Aufgabe ist es, zu moderieren und nicht zu predigen. Fange auch keinen weiteren Punkt an. Denn damit verwässerst du die Aussage des Vorredners. (Nicht: „Was ich auch noch zusätzlich finde... Ein anderes Bild für dieses Thema ist auch... Ich würde auch noch ergänzen...")

Informationen und Werbung
In jeder Kirche gibt es die verschiedensten Veranstaltungen und Termine. Je nach Gemeindestruktur kommen die unterschiedlichsten Informationen auf einen zu. Vereinbare dafür klare Absprachen, wie ihr mit Ansagen und Informationen im Gottesdienst umgehen möchtet. Denn je größer die Kirche wird, desto mehr gibt es anzusagen. So kommt jeder Leiter auf den Moderator zu, damit dies oder das noch Platz bei den Informationen findet. Dafür braucht es interne Regeln. Je mehr Ansagen gemacht werden, desto mehr wird die Aufmerksamkeit geteilt. Das Publikum kann sich eine Vielzahl auch wichtiger Infos nicht merken und schaltet ab.

Für Information und Ansagen gilt:

- So wenig wie irgend möglich!
- So kurz wie irgend möglich!

In der Gemeinde oder Kirche sollte man die Leute da hinführen, die schriftlichen Bekanntmachungen zu lesen. Dadurch ist es gewährleistet, dass nur noch die wirklich wichtigen Infos Platz im Gottesdienst finden.

Hier sind ein paar hilfreiche Faktoren für die Prioritätensetzung bei deinen Ansagen:

- Kündige nur die Veranstaltungen an, die einen Großteile des Publikums betreffen (z.B. für mindestens 50% des Publikums relevant).
- Informationen zu thematisch weiterführenden Veranstaltungen sollten angesagt werden (z.B. bei Thema Ehe/ Beziehungen einen Kurs zu diesem Thema).
- Ansagen, die für Gäste relevant sind, sollten Erwähnung finden (z.B. Willkommens-Bar, Info-Kurs zur Gemeinde).

Bei den Ansagen geht es darum, die Aufmerksamkeit der Leute zu gewinnen und die Zeit im Gottesdienst dafür möglichst gering zu halten. Beides ist wichtig. Darum haben sich zwei Unterscheidungen bewährt:

- Promotion (Werbung)
  Hierbei geht es um den emotionalen und inhaltlichen Grund für die beworbene Veranstaltung.
- Reminder (Erinnerung)
  Dies ist eine kurze Info für die Veranstaltung. Meistens wurde diese schon erwähnt. Es geht um eine kurze Erinnerung. Z.B.: „...denkt dran, nächste Woche..."

Infos sollten geplant werden. Dies kann je nach Struktur vom Pastor, Ältesten, Administrator oder einer ähnlichen Person geschehen. Ermutige dein Umfeld dazu, gezielt und klar die Ansagen zu planen. Dies verhindert die oft kurz vor dem Gottesdienst zugerufenen Sätze wie: „Kannst noch mal eben ansagen…!“.

Kurz zusammengefasst

- Plane die Ansagen in eurer Kirche.
- Halte Ansagen immer kurz und knapp.
- Führe Regeln für die Informationen ein (Prioritäten setzen).
- Unterscheide zwischen Promotion (Werbung) und Reminder (Erinnerung).

Moderation einüben

Nach den ganzen Vorbereitungen und Überlegungen, solltest du deine Moderation aufschreiben. Zu Beginn ist es sehr hilfreich die Texte ganz auszuschreiben. Nach dem Texten geht es nun ans Üben. Üben, üben, üben. Spreche deine Moderation durch und stelle dabei deine Uhr. Oft schätzt man falsch ein, wie viel Zeit etwas braucht oder aber auch gerade nicht. So kannst du sehen, ob dein „Schreibtext" auch ein „Sprechtext" ist. Für einen Sprechtext nutze kurze und knappe Sätze. Vermeide Schachtelsätze und begrenze die Länge der Sätze auf maximal 14 Wörter.

Da heute in fast jedem Handy eine Kamera ist, hast du auch die Möglichkeit dich dabei zu filmen. Nutze dies. Damit kannst du dich selbst reflektieren, wie etwas wirkt. So kannst du Dinge verbessern, ändern oder verstärken.

Wenn du auf der Bühne stehst, darfst du nicht deinen Text wie auswendig gelernt vortragen. Er soll natürlich rüber kommen. Lies nicht alles von deiner Moderationskarte ab, sondern nutze sie als Stichwortgeber und Gedankenstütze.

Wenn du eine Moderationskarte schreibst, helfen dir folgende Tipps:

- Kurze und knappe Sätze
- Stichworte farbig markieren
- Bei Nutzung des PCs: min. Schriftgröße 14 und ausreichender Zeilenabstand
- Evtl. Ziel vermerken (Erinnerungsstütze direkt vor dem Auftritt)

Trainiere den Anfang deiner Moderation besonders gut. Das gibt dir Sicherheit und verhilft dir zu einer guten Leitung der

Veranstaltung. Lerne am Besten den ersten Satz deiner Moderation auswendig. Dies verhilft dir zu einem sicheren Start.

Trotz perfekter Vorbereitung kann es passieren, dass man ein Blackout hat oder einfach etwas vergisst. Auch darauf kannst du dich vorbereiten. Du solltest ein einfaches „Backup", sogenannte Standard-Moderationen für solche Eventualitäten haben. Zum einen hilft es, wenn du im Vorwege weißt, wie viel Punkte du sagen möchtest. Mit dieser Anzahl gehst du auf die Bühne. So weißt du immer, ich will z.B. zwei Sachen sagen. Zwei. Zwei...

Überlege dir Standard-Überleitungen und halte sie gedanklich fest. So kannst du darauf immer zurückgreifen, wenn du den Faden verlierst. Eine Überleitung könnte wie folgt aussehen:

> *„Zu dem Thema XY gibt es eine Menge in der Bibel zu entdecken. Wie das nun unseren Alltag betreffen kann, hören wir gleich in der Predigt."*

Solche Hilfen geben dir weitere Sicherheit, die sich auf das Publikum überträgt.

Kurz zusammengefasst

- Schreibe deine Moderation auf. In der Anfangsphase formuliere immer ganz aus.
- Nutze kurze und knappe Sätze.
- Vermerke evtl. das Ziel deiner Moderation.
- Erarbeite dir ein Back-up (Standard-Moderationen).

5

DER AUFTRITT ALS MODERATOR

Der Auftritt als Moderator

Nun bist du für den Auftritt im Gottesdienst vorbereitet und weißt, was du wie sagen möchtest. Das Thema und auch der emotionale Aspekt sind dir bewusst und du kannst dich nun ganz auf die Bühne einstellen.

Das Bewegen und Agieren auf der Bühne geschieht immer unter Beobachtung. Das ist klar. Darum solltest du dir darüber Gedanken machen, wie man sich bewegt, geht und steht.

Wie sehe ich aus?

Körper

Du stehst mit deinem Körper auf der Bühne. Das ist logisch. Und genau aus diesem Grund wollen wir uns auch damit befassen.

Es gibt eine wichtige Bühnenregel: Das was ich über mich glaube, das wird mein Publikum über mich denken! Das trifft auch auf den Körper zu. Jeder weiß: Schönheit liegt immer im Auge des Betrachters! Denn wichtiger als mein Aussehen ist, wie ich mich selbst von innen betrachte. Denn mein Körper ist der Handschuh meiner Seele! Fühle ich mich k.o. und abgeschlafft, wird man dies körperlich an mir sehen. Fühle ich mich in meinem Körper nicht wohl, erkennt man auch das. Genauso auch im Positiven: Fühle ich mich in meiner Haut wohl, erkennt man dies an meinem Umgang mit dem eigenen Körper.

Grundsätzlich sollte man wissen, dass der „Körper einen anlügt". Ich nehme meine Körperhaltung anders wahr als Außenstehende. Die eigene Körperwahrnehmung ist mit dem Phänomen vergleichbar, dass man eine Tonaufnahme der eigenen Stimme kaum wiedererkennt. Die eigene Stimme hört sich für einen selbst beim Reden oder Singen anders an als für das Umfeld. Wenn man nun das Gefühl hat, man stehe aufrecht, muss dies aber noch nicht der Wahrheit entsprechen. Jeder gewöhnt sich im Laufe der Zeit verschiedene Körperbewegungen und Haltungen an. Dies kann eine krumme Haltung sein, ein Verstecken bestimmter Körperregionen und vieles mehr. Ein Beispiel dafür sieht man manchmal bei Frauen auf der Bühne: Sie nehmen sich räumlich zurück und verschränken beim Stehen die Beine. Hinzukommt dann evtl. noch ein verschränkter Arm vor dem Körper. Dies ist ein Zeichen, dass man sich selbst auf der Bühne schützen will. Wenn man sich dessen bewusst ist, kann man gezielt an der Einstellung und an der Körperhaltung arbeiten.

Gott fordert uns auf, unseren Nächsten zu lieben, wie uns selbst. Tue dies. Liebe dich selbst. Auch deinen Körper. Lass dich dabei nicht von deiner subjektiven und eigenen Körperwahrnehmung täuschen.

Eine Übung für eine bewusstere Körperwahrnehmung ist folgende: Bewege dich allein in einem Zimmer mit Musik. Bewege dich so, wie du es noch nie getan hast. Wenn du dies einmal pro Woche übst, wirst du deinen Körper viel bewusster wahrnehmen und damit agieren können. Du kannst somit eigene Grenzen erweitern und dein Körpergefühl verbessern.

Hilfreich ist auch das ehrliche Feedback von guten Freunden. Lasse dich von außen her reflektieren und arbeite an deinem Körpergefühl.

Kleidung

Zum Aussehen eines Moderators gehört neben der Körperhaltung natürlich auch die Kleidung, Frisur und auch das Schminken. Je nach Veranstaltung sollte man sich angemessen kleiden und auf das Erscheinungsbild achten. Hierfür ein paar grundlegende Tipps:

- Der Moderator sollte immer etwas besser angezogen sein als das Publikum.
- Die Kleidung sollte zielgruppenorientiert ausgesucht sein.
- Die Kleidung sollte zu einem selbst passen und somit authentisch wirken. Man darf sich auch gerne von anderen beraten lassen.
- Schwarz/weiß sollte man auf Grund der Abhebung vom Bühnenhintergrund und insbesondere bei Videoaufzeichnungen vermeiden.
- Keine ablenkenden Stoffe oder Sprüche auf den Oberteilen. Ausnahme: Es passt explizit zum Thema der Veranstaltung.

Wie bei allen Veranstaltungen, kann die Kleidung unpassend oder stark ablenkend wirken (Das wäre z.B. der Fall, wenn bei einem Gala-Abend der Moderator im T-Shirt erscheint.). Aus diesem Grund ein paar Anregungen für die Kleidung bei Frauen und Männer, die im Gottesdienst auf der Bühne stehen. Diese Vorgaben haben sich bewährt, sollten aber individuell betrachtet und ggf. angepasst werden. Sie dienen als Anregung und Hilfestellung. Genau wie bei jedem großen Event, bei bestimmten Veranstaltungen oder auch in Firmen, kann es in Bezug auf die Kleidung und die äußere Erscheinung gewisse Normen geben, die den eigenen Werten entsprechen (z.B. dürfen sich die Angestellten in Disneyparks nur sehr dezent schminken).

Was tragen Männer im Gottesdienst auf der Bühne?
Für Männer gibt es ein paar Punkte bezügliche ihrer Kleidung zu beachten. Die o.g. allgemeinen Tipps sind obligatorisch. Hinzu noch ein paar weitere praktische Anregungen:

- Als Mann sollten lange Hosen und geschlossene Schuhe selbstverständlich sein.
- Keine Muskel-Shirts.
- Keine Baseball-Mütze oder ähnliches. Dadurch werden zu stark die Augen verdeckt.
- Die gesamte Kleidung sollte ordentlich und gebügelt sein (gerade Hemden/Shirts/etc.).

Was tragen Frauen im Gottesdienst auf der Bühne?
Weder besonders vorteilhafte, noch unvorteilhafte Körperstellen sollten zur Schau gestellt werden. Man kann sich geschmackvoll und zeitgemäß kleiden ohne zu viel „zur Schau zu stellen" und das unabhängig von Größe, Figur und Style. Hier ein paar Grundregeln:

- Die Rock-/Kleiderlänge sollte mindestens bis zum Knie oder länger sein (auch mit Leggins darunter). Der Grund dafür ist u.a., dass die Bühne höher ist als die Besucherplätze oder Beiträge auf einem Barhocker stattfinden.
- Es sollte immer ein BH getragen werden.
- Der BH darf durch das Shirt nicht sichtbar sein.
- Brustansatz sollte nicht sichtbar sein (kein tiefer Ausschnitt).
- Nicht bauchfrei. Auch nicht bei erhobenen Armen.
- Die Jeans sollte nicht so eng sitzen, dass sie den Schritt abzeichnet.

- Der String soll nicht zu sehen sein (auch nicht beim Herunterbeugen).
- Die Oberteile sollten nicht rückenfrei sein.
- Aufgrund starker Beleuchtung auf der Bühne kann bei dünnem oder hellem Material oft vieles ungewollt abgezeichnet werden.

Die Kleidung sollte dazu beitragen, dass sich andere Frauen im Publikum bei dem Anblick inspiriert und angesprochen fühlen. Man sollte das Publikum mit der Ausstrahlung abholen und ihnen keinen Grund zur Ablenkung bieten. Zum Beispiel könnte ein Minirock die Aufmerksamkeit stark auf sich lenken, so dass der Inhalt und das Thema des Gottesdienstes zweitrangig werden.

Hilfreich ist es Wechselkleidung dabei zu haben. Es kann immer mal passieren, dass man sich kurz vorher noch mit Kaffee bekleckert oder ähnliches. Auch aufgrund von Schwitzen bei der Anspannung ist es optimal neue Oberbekleidung dabei zu haben. Man kann auch erst direkt vor dem Auftritt die gewählte Kleidung anziehen.

Schminken

Je nach Bühne und Ausleuchtung, sollte auf ein Make-up/Puder geachtet werden. Dies gilt für Frauen und für Männer. Das Ziel ist es, nicht abzulenken und natürlich auszusehen. Aufgrund der Beleuchtung kann es ungeschminkt schnell zu einem glänzenden oder fahlen Gesicht kommen. Dagegen hilft schon ein wenig Puder.

Je nach Beleuchtung sollten die Frauen auf zu dunkel geschminkte Augen verzichten. Je nach Ausleuchtung der Bühne können gerade die Augen schon etwas dunkler wirken. Durch ein dunkles Make-up wird dies auf der Bühne negativ verstärkt.

Ein zu starkes Make-up kann auch kontraproduktiv sein. Es kann maskenhaft wirken oder aber den Anschein haben, dass sich der Moderator dahinter verstecken möchte. Grundsätzlich sollte man das Schminken je nach Ausleuchtung und Bühnengröße anpassen. Hilfreich kann die aufmerksame Beobachtung von anderen und vor allem die Hilfestellung von Profis sein (Visagisten, etc.).

Frisur

Es ist selbstverständlich, dass die Haare gepflegt, gut geschnitten und gestylt sind. Auch hier gilt, dass die Frisur etwas besser als die des Publikums sein sollte. Bei Langhaarfrisuren ist zu beachten, dass die Haare nicht im Gesicht hängen oder es verdecken. Hängt der Pony im Gesicht, wird sonst oft der Kopf zur Seite geworfen, um die Haare aus dem Gesicht zu bekommen.

Dadurch wird ein rundes Gesamtbild des Akteurs auf der Bühne sicher gestellt. Dinge, die ablenken könnten, werden so vermieden.

Kurz zusammengefasst

- Beachte deine Einstellung zu deinem Körper.
- Arbeite an deinem Körpergefühl.
- Wähle die richtige Kleidung.
- Benutze Puder/Make-up, um natürlich auf der Bühne auszusehen.
- Habe eine gepflegte Frisur.

Wie gehe ich?

Die Frage, wie man auf einer Bühne geht, erscheint zunächst überflüssig. Man geht, wie man immer geht, oder? Jedoch gibt es ein paar Punkte zu beachten. Vieles wird vom Publikum nicht bewusst wahrgenommen, allerdings wird jede Körperbewegung unter Scheinwerferlicht sehr genau beobachtet. Darum ist es gut und richtig, sich über seine Körperbewegungen im Klaren zu sein. Unterstreichen diese den Inhalt, den ich wiedergeben möchte oder ist es eher kontraproduktiv?

Deine Rolle als Leiter muss sich auch im Gang widerspiegeln. Wenn man eher auf die Bühne schleicht, zeigt dies Unsicherheit, keine klare Linie und bewirkt auch Unsicherheit im Publikum.

Um die ganze Thematik zu beleuchten, möchte ich zunächst auf die Bühnenaufteilung näher eingehen, die auch beim Theater Verwendung findet.

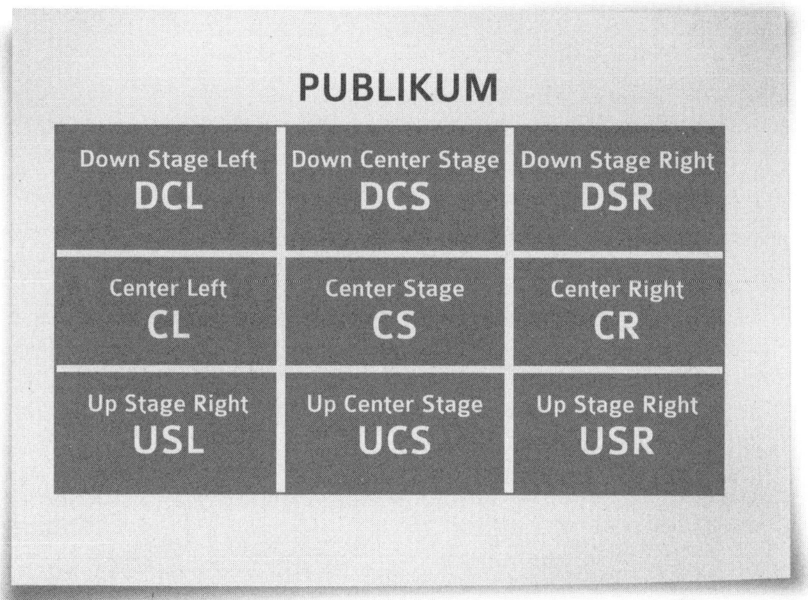

Es gibt neun Felder auf einer Bühne. Dadurch kann der Regisseur den Schauspielern klare Anweisungen geben, wohin sie gehen sollen.

Die Bezeichnungen sind vom Akteur auf der Bühne her gesehen. Durch diese Einteilung der Bühne kann man gut erklären, wo man steht und wohin man sich bewegen sollte. Diese Aufteilung soll einen nicht verwirren sondern helfen die Bühne richtig zu nutzen. Dadurch, dass du dich auf der Bühne bewegst, erhältst du eine größere Aufmerksamkeit.

Gehe gerade und ganze Wege

Damit ist gemeint, dass man die Felder diagonal oder auch manchmal senkrecht durch die Felder geht (von USL durch CS nach DSR). Man sollte nicht umher schlendern oder krumme Wege auf der Bühne gehen. Dies wirkt adynamisch und nimmt die Spannung. Genauso sollte man auch die Felder komplett beschreiten und nicht zwischendurch stehen bleiben. Deine Schritte und Bewegungen sollten motivierend und dynamisch sein. Durch die klaren und ganzen Wege zeigst du Leitung und Sicherheit. Nutze die ganze Bühne.

Alle Bewegungen verlaufen im Dreieck

Durch diese Dreiecksbewegung auf der Bühne, kann man eine größere Aufmerksamkeit erzielen (siehe Bild 2). Geht man nicht im Dreiecksmuster, nimmt es Spannung weg. Wenn man nur auf einer Position steht, verringert sich die Aufmerksamkeit des Publikums. Durch das aktive gehen in eine Richtung des Publikums, wird automatisch deren Interesse an der Aktion auf der Bühne geweckt.

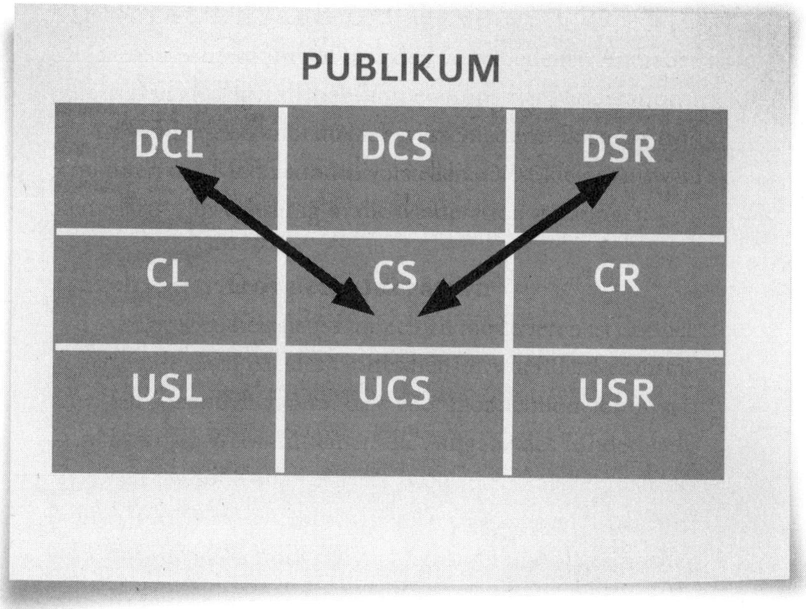

Die Aufteilung und Bezeichnung der Bühnenbereiche (Bild 2).

Moderation in der Mitte (CS)

Die Moderation beginnt unbedingt in der Mitte der Bühne (Center Stage). Dort hast du die größte Aufmerksamkeit und jeder kann dich gut sehen. Wenn du zu diesem Punkt gehst, benutze einen geraden Weg dorthin. Je nach Bühne kann dies von verschiedenen Orten sein. Du musst dir im Klaren sein, dass du sobald du einen Fuß auf der Bühne hast, ein Teil der gesamten „Performance" bist. Man sieht dich und interpretiert dein Verhalten.

Wenn deine Moderation länger dauert (fünf Minuten oder länger), dann solltest du nicht nur auf CS stehen bleiben. Durch Bewegungen auf der Bühne erreichst du, dass die

Leute aufmerksamer sind. Nutze die Dreiecksbewegungen wie folgt:

- CS (Mitte/Mitte)
- DCR (vorne/rechts)
- CS (Mitte/Mitte)
- DCL (vorne/links)
- CS (Mitte/Mitte)

Dauert deine Moderation ca. fünf Minuten, könntest du dich beispielsweise so auf der Bühne bewegen:

- 1 Minute CS (Mitte/Mitte)
- 20 Sekunden DCR (vorne/rechts)
- 1 Minute CS (Mitte/Mitte)
- 20 Sekunden DCL (vorne/links)
- Restliche Zeit CS (Mitte/Mitte)

Dies ist ein möglicher Zeitablauf, der einem ein Gefühl für die Bewegungen geben soll. Es geht dabei aber unbedingt um eine Natürlichkeit und nicht um ein genaues Timing.

Bei der Dreiecksbewegung muss die Bühnenbalance bewahrt werden. Damit ist gemeint, dass du nach dem DCL/CS (vorne links/Mitte), du anschließend nach DCR (vorne rechts) gehen musst. Gehst du stattdessen wieder in dasselbe Feld (DCL), wirkt es auf das Publikum unharmonisch. Du gibst so dem Zuschauer ein Muster und wiederum Sicherheit durch deine klaren Bewegungsabläufe. Diese sollten natürlich wirken und nicht gestelzt. Darum empfehle ich dir, diese Abläufe zu üben.

In einem Vortrag oder einer Predigt sollte der entscheidende Punkt am Ende bei DCS (vorne/Mitte) gesprochen werden. Dort hast du die größte Aufmerksamkeit. Nutze dies jedoch nur bei dem letzten und wichtigsten Punkt.

Bei den Bewegungen auf der Bühne ist es wie das Salz in einer Suppe. Ohne schmeckt sie nicht. Aber man kann eine Suppe auch versalzen. Ist deine Moderation kürzer als ungefähr vier Minuten, kannst du ruhig bei Center Stage stehen bleiben.[2]

Nutze die Tiefe der Bühne

Nutze die gesamte Bühne aus. Vielleicht kommt es einem so vor, als ob man weit vom Publikum weg ist, aber die Tiefe der Bühne wirkt auf das Publikum anders. Stehst du zu lange zu weit vorne, kann dies vom Zuschauer als zu nah empfunden werden. Genau wie bei zwischenmenschlichen Beziehungen, gibt es bestimmte Abstände und Zwischenräume zu wahren. Grundsätzlich kann man bzgl. der Körperbewegungen auf der Bühne sagen, dass es sich auf der Bühne ähnlich verhält, wie zwischen zwei Personen: Bei einer Begrüßung geht man einen Schritt aufeinander zu. Ebenso bei einem Publikum. Eine aufrechte Haltung dem Gegenüber zeigt u.a. Respekt, Aufrichtigkeit und Präsenz.[2]

Nutze den Scharnier-Schritt

Wenn man dieses beschriebene Dreieck auf der Bühne geht, kann es schnell passieren, dass man dem Publikum den Rücken zudreht. Das sollte nicht passieren und deshalb empfiehlt es sich den sogenannten „Pivot-Schritt“ zu nutzen.

Gehe immer mit dem Fuß los, mit dem du dem Ziel näher bist! Ansonsten drehst du für kurze Zeit dem Publikum den Rücken zu und unterbrichst die Kommunikation zum Publikum! Man geht so ein wenig seitlich zum Publikum zur Mitte der Bühne zurück beziehungsweise zum Bühnenrand.

Zuerst muss man diesen Schritt etwas üben. Aber dann ist das ganz natürlich und auch selbstverständlich diesen zu nutzen. Denn wenn man im Gespräch mit jemandem ist, dreht man ihm ja auch nicht den Rücken zu.

Tipps:

- Zähle die Schritte, die du brauchst, um vom CS zu DCR / DCL zu kommen (Siehe Schaubild). Gehe sie vor deinem Auftritt unbedingt einmal ab und finde diese „Punkte" auf der Bühne.
- Gewährleiste einen glatten Übergang zum Vorredner, indem ihr euch noch auf der Bühne trefft.
- Spielt vorher Musik, gehe mit einem geraden Weg beim Schlussakkord auf die Bühne.
- Hetze nicht auf die Bühne, sondern gehe dynamisch.

Kurz zusammen gefasst

- Deine Kommunikation beginnt mit dem ersten Schritt auf die Bühne.
- Gehe gerade und ganze Wege.
- Spreche zuerst bei Center Stage.
- Nutze bei längeren Moderationen das Dreieck.
- Benutze dabei den Pivot-Schritt.
- Drehe dem Publikum nicht den Rücken zu (auch nicht wenn möglich bei Auf-/Abgang).

PUBLIKUM
1.
1.

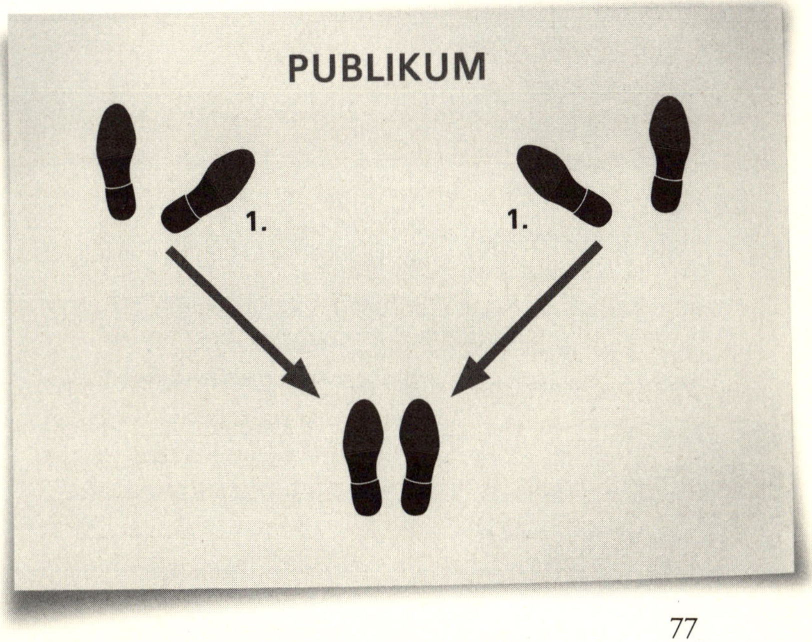
PUBLIKUM
1.
1.

Wie stehe ich?

Du stehst als Moderator im Mittelpunkt des Interesses. Dir gehört die Aufmerksamkeit. Jeder erwartet, dass du etwas von der Bühne kommunizierst. Das tust du nicht nur mit Worten, sondern auch gerade mit deinem Körper. Deine Einstellungen und Motivationen werden nach außen hin z.T. erkennbar. Man sollte aber auch bewusst mit dem eigenen Körper den Inhalt unterstreichen. Genau wie beim Gehen sollte die Körperhaltung klar sein.

Man kann wie ein Schluck Wasser in der Kurve rumstehen oder eine Präsenz auf der Bühne ausstrahlen. Diese Präsenz erreicht man zum einem mit der Haltung, der Mimik, dem Augenkontakt, der Körperspannung und dem Stehen. Man kommuniziert mit der gesamten Körperhaltung. Wenn du auf der Bühne stehst, leitest du. Das sollte sich an deinem Stand auf der Bühne erkennen lassen – nicht durch Arroganz und Wichtigtuerei, sondern durch Präsenz.

Schritte dorthin sind folgende:

- Versuche dich einmal imaginär an den Haaren wie eine Marionette hochzuziehen. Man reckt sich automisch hoch. Das ist normaler Weise eine angenehme und aufrechte Haltung.
- Drücke die Brust leicht heraus.
- Nehme die Schultern leicht nach hinten.
- Zeige deine Hände und verstecke sie nicht.
- Mache angenehme Armbewegungen (zwischen Bauch und Brusthöhe). Diese können gerne etwas größer ausfallen. Sollten aber nicht unnatürlich wirken. Ruhig Mut zu etwas Theatralik. Je nach Bühnen- und Publikumsgröße, können diese Bewegungen sogar noch größer ausfallen.

- Habe ein gutes Maß und eine Natürlichkeit bei Gestik und Mimik. Nutze gerade die Punkte bezüglich der Emotion (s.o.).
- Habe einen festen Stand. Wippe nicht auf den Ballen hin und her. Je fester du stehst, umso klarer ist deine Aussage. Je mehr du zappelst, umso eher haben die Zuschauer das Gefühl, dass du eigentlich schnell von der Bühne weg möchtest.

Durch deine klare und aufrechte Haltung nehmen dich die Leute auch klar und aufrecht wahr. Dein sicherer Stand und deine Bewegungen sollen deine Worte unterstreichen. Lass dir gerade für diesen Bereich von Freunden ein Feedback geben. Nutze dazu auch eine Videoaufnahme, bei der du auf der Bühne stehst und agierst.

Die Körpersprache erzählt sehr oft Bände von der inneren Haltung und Einstellung. Mache dir also deine Haltung und Einstellung genau bewusst.

Wenn man mit einer Person spricht, kann man grob gesagt auf einer Ebene miteinander ins Gespräch kommen, dominierend sein oder eine unterlegene Haltung einnehmen. Das geschieht meist unbewusst, ist jedoch anhand der Körpersprache oft ersichtlich. Fühle ich mich meinem Gegenüber überlegen und möchte ihm endlich mal sagen, was ich alles weiß, offenbart sich das durch die Körpersprache. Dies wird z.B. ersichtlich durch eine leicht erhöhte Kopfstellung, ein Aufstützen der Arme auf ein Pult und weitere dominierende Körperhaltungen. Fühle ich mich unterlegen, sieht man das auch.

Wenn ich auf der Bühne meinen Zuschauern etwas mitteilen möchte, ist es hilfreich, eine Statusanpassung vorzunehmen. Viele Politiker stützen sich mit ihren ausgetreckten Armen auf das Pult und demonstrieren so Überlegenheit und Dominanz. Demonstriere ich mit meiner Körperhaltung diesen „hohen Status" nicht, vermittele ich dadurch meinem Gegenüber, dass ich ihn ernst nehme und wertschätzte.

Wenn man auf der Bühne spricht, sollte man die Einstellung haben, mit den Zuschauern auf einer Ebene zu stehen. Natürlich kann die Körperhaltung auch durch Unsicherheit hervorgerufen sein. Darum hier ein paar kurze erklärende Punkte:

Hoher Status:
- unbewegter Kopf beim Sprechen
- direkter und herausfordernder Blick, langer Blickkontakt
- aufrecht, breitbeinig

Tiefer Status:
- hängende Schultern, gebeugt
- unsicherer Stand
- kleine, schnelle Gesten
- nervöses Lächeln

Du bist auf der gleichen Ebene, wie dein Publikum. Zeige mit deiner Körpersprache Präsenz, aber keine Dominanz. Denn dadurch verringert sich scheinbar die Wertschätzung gegenüber dem Publikum. Wenn du auf einer Ebene mit dem Publikum kommunizieren möchtest, bewegst du dich mit deiner Körpersprache genau zwischen diesen beiden oben genannten Konstellationen. Man hat eine Körperspannung, ist aber nicht starr oder zappelig nervös. Man hat einen sicheren

Stand, jedoch nicht breitbeinig oder gebeugt. Hole dir immer wieder ein konstruktives Feedback für diesen Punkt ein.

Die Frage ist oft, was man beim Stehen auf der Bühne mit den Händen und den Armen machen soll. Es kann sein, dass die eine Hand mit einem Mikrofon beschäftig ist. So hast du die andere frei zum Agieren. Nutze das ganz natürlich mit Bewegungen, die man gut sehen kann. Dies sollte zwischen Bauch und Brusthöhe geschehen. Um dir ein Gefühl für Bewegungen auf der Bühne zu geben, sind hier ein paar Bedeutungen für Körperhaltungen und Bewegungen:

Spitzdach
Fingerspitzen liegen aneinander und zeigen zum Publikum: Abwehrhaltung und Verteidigung.

Händereiben
Wie beim Händewaschen werden die Hände gerieben: Selbstgefälligkeit oder auch Ringen nach Worten.

Stachelschwein
Die Hände sind verschränkt und die Finger stehen nach vorne ab: Abwehr und Angst.

Pistole
Hände sind wie zum Gebet verschränkt nur die Zeigefinger zeigen zum Publikum: Abwehr und Drohung.

Nasezupfen
Der Sprecher zupft und streicht sich an der Nase: Stress und Verlegenheit. Beim Zuhören zweifelt man am Gesagten.

Ohrenzupfen
Der Redner zupft sich am Ohr: Verlegenheit.

Kopfkratzen
Beim Vortrag wird sich des Öfteren am Kopf gekratzt: Ordnen der Gedanken.

Nesteln
An Kleidung wirkt gezupft und zu Recht gerückt: Tendenz etwas loszuwerden (Position, Meinung, etc.).

Arme verschränken
Abwehr, aber auch abwarten.[3]

Mit Finger zeigen
Mit dem Zeigefinger wird direkt auf das Publikum gezeigt: Arroganz, Anmaßung.

Beide Handflächen zeigen
Beide Hände zeigen mit den Fingern nach oben zum Publikum: Bezeugen von Unwissen und der Unschuld.

Dies sind ein paar gängige Bewegungen, die sicher jeder schon einmal gesehen hat. Versuche die negativen Beispiele zu vermeiden. Denn der Körper spricht oft lauter als die eigene Stimme. Gewöhne dir nicht bestimmte Bewegungsabläufe an (z.B. den Ring am Finger drehen).

Kurz zusammen gefasst

- Hab eine gerade Haltung.
- Drück die Brust leicht heraus.
- Nimm die Schultern leicht nach hinten.
- Zeig deine Hände und verstecke sie nicht.
- Mache Armbewegungen zwischen Bauch und Brusthöhe.
- Hab ein gutes Maß und eine Natürlichkeit bei Gestik und Mimik.
- Hab einen festen Stand.
- Überprüfe deine Einstellung zum Publikum.

Wie schaue ich?

Sicherlich kennst du Menschen, die von Natur aus eine sehr begeisternde Ausstrahlung haben. Was macht diese aus? Kann man an der eigenen Ausstrahlung überhaupt etwas ändern oder diese verbessern? Sollte man das überhaupt tun?

Die Ausstrahlung und Mimik ist für mich ein starkes Indiz für die innere Haltung. Natürlich macht die eigene Ausstrahlung und die Wirkung auf mein Gegenüber sehr viel mehr aus. Die Mimik, die Augen und Lippen zeigen jedoch direkt, wie es einem geht, was man fühlt und denkt. Auch die Einstellung zu einer Situation wird zum Teil am Gesicht erkennbar. Das geschieht meist unbewusst, wird jedoch vom Publikum wahr genommen.

Auf der Bühne wird das alles verstärkt. Darum ist es für einen authentischen Auftritt wichtig, dass das Zusammenspiel zwischen dem Inhalt und der inneren Haltung passt.

Menschen nehmen aufgrund der Körpersprache und der Ausstrahlung wahr, ob etwas echt oder aufgesetzt ist. Darum achte darauf, dass deine Gesten und dein Gesichtsausdruck zu deinen Emotionen und Einstellungen passen. Mache sichtbar, was dich bewegt. Habe keine Angst, deine Emotionen auf der Bühne zu zeigen. Verstecke dich nicht hinter einem „Pokerface" oder den reinen Sachinhalten. Dann wird deine Ausstrahlung und Authentizität auf der Bühne größer.

Wenn du deine innere Haltung überprüfst, kann es dir helfen, deine Ausstrahlung zu verbessern. Genau wie bei dem Thema Identität hat die innere Einstellung eine äußerliche Wirkung. Wenn du dich z.B. freust, auf die Bühne zu gehen, um zu moderieren, wird man das an deinem Gesichtsausdruck ablesen können. Wenn du ein fröhliches Gesicht aufsetzt, obwohl es dir zu wider ist, auf der Bühne etwas zu sagen, wird man diese Diskrepanz wahrnehmen.

Freue dich über diese Aufgabe und freue dich auf dein Publikum. Freue dich darüber, dass Gott dich gebraucht, Menschen näher zu ihm zu führen.

Der Hauptteil der Ausstrahlung spiegelt sich im Gesicht wieder.

Mimik des Mundes

Mit dem Mund sprechen wir nicht nur, sondern an ihm zeigt sich auch sehr schnell die Anspannung oder Entspannung eines Menschen. Sind die Lippen zusammen gekniffen oder ein wenig geöffnet, spiegelt das deine An- oder Entspannung wieder. Auch die Art, wie man lächelt, sagt viel über die eigene Person aus. Lachen die Augen nicht mit, kann so ein falsches Lächeln enttarnt werden. Gerade bei einem künstlichen Lachen oder Lächeln, lachen die Augen kaum mit.

Das man von der Bühne lächeln sollte, klingt fast zu banal. Es ist aber entscheidend und das nicht nur für das Publikum, sondern auch für einen selbst. Denn fast genauso wie man die innere Haltung äußerlich erkennen kann, kann die äußere Haltung die innere Einstellung beeinflussen.

> *Probiere es einfach mal aus: Lächle, auch wenn dir nicht danach ist. Dies bewirkt, dass du positiver zum Umfeld und zu dir selbst bist. Dadurch kann die Körperhaltung gelöster und aufrechter sein. Das wiederum verstärkt das eigene Selbstbewusstsein. Wenn du mit einem Lächeln auf die Bühne gehst, hilft dies deinem gesamten Auftritt und unterstützt ihn.*

Vereinfacht kann man seine Ausstrahlung optimieren, indem man an seiner Einstellung und Haltung arbeitet. Denn dadurch wird die Mimik offener und natürlicher.

Habe eine positive Einstellung:

- zu dir
- zu Gott
- zu deinem Publikum
- zu deinem Team

Habe keine Differenzen:

- mit dir selbst
- mit Gott
- mit deinem Team
- mit dem Programm

Hier habe ich ein paar weiterführende Fragen für dich notiert. Sie können dir helfen durch eine Veränderung deiner inneren Einstellung deine Ausstrahlung zu optimieren.

- Was möchte ich mit meinem Auftritt erreichen?
- Bin ich selbst davon überzeugt?
- Stehe ich gerne auf der Bühne?
- Was macht meine Identität aus?
- Welche Einstellung habe ich zu der Aufgabe, den Menschen und zu Gott?

Augen

Die Augen sind ein Spiegel zur Seele, so sagt der Volksmund. Vieles kann man an den Augen erkennen. Dazu muss man nicht besonders begabt oder feinfühlig sein. Wenn du mit dir, deinem Umfeld und mit Gott im Reinen bist, wird man das auch an deinen Augen erkennen.

Hinzu kommt der Blickkontakt. An den Augen ist erkennbar, wie die innere Einstellung zu dem Auftritt oder der gesamten Veranstaltung ist. Schaut man verstohlen zu

Boden oder weicht man den Blicken des Publikums aus, ist dies ein Zeichen für Schüchternheit oder einer ablehnenden Haltung.

Mit nur einem Blick kann man von der Bühne aus die Menschen anleiten. Wenn man mit den Augen rollt oder zur Eingangstür schaut, um zu sehen wer gerade kommt, hat das Auswirkungen auf das Publikum. Gleiches gilt für einen gelangweilten Blick zur Seite, während jemand anders auf der Bühne spricht. Man muss sich immer „vor Augen“ führen, dass auf der Bühne jeder sieht, wo man selbst hinschaut. Damit lenke ich die Aufmerksamkeit auch dort hin.

Durch das Zusammenspiel des Gesagten und den Augen, verstehen die Zuschauer viel genauer, was man aussagen möchte. Durch den Blickkontakt kann der Gegenüber die Gefühle, Einstellungen und die Haltung besser spüren und verstehen. Das geschieht, wie so oft bei der gesamten Körpersprache, unbewusst.

Wenn du auf der Bühne stehst, solltest du Blickkontakt mit dem gesamten Publikum haben. Dabei sollte man nicht hektisch hin und her schauen, sondern ruhig und entspannt die gesamte Breite der Sitzreihen mal hier und da im Blickfeld haben.

Wenn du das Dreieck auf der Bühne gehst (CS/DCR/CS/DCL) (siehe Seite 73), so zeigst du das vorher durch deinen Blick in diese Richtung an. Erst in die Richtung schauen, dann gehen. Wenn du z.B. bei DCR (vorne rechts) stehst, schaue bewusst auch nur in diesen Bereich des Publikums. Du musst dann nicht versuchen, alle mit deinem Blick zu erreichen. Du kannst für einen Moment einen Teil der Zuschauer nicht direkt anschauen. Sie sehen dich trotzdem. Wenn du dann später auf der anderen Seite der Bühne stehst, hast du wiederum den anderen Teil im Blick.

Der Blickkontakt zum Publikum ist entscheidend. Denn dadurch entsteht eine wirkliche Kommunikation. Es ist normal, dass man seinem Gegenüber bei einem Gespräch in die Augen sieht. Dadurch kann man viele Nuancen des Gesagten verstehen und besser einordnen. Es zeigt auch Respekt und Wertschätzung, jemanden anzuschauen und Zeit mit ihm oder ihr zu verbringen.

Durch deine Augen erkennt man, wie du etwas meinst und was du fühlst. Darum ist es wichtig, dass die Leute diese sehen können. Suche nicht den Boden oder die Decke ab. Gerade wenn man nach Worten suchen muss (was durch eine gute Vorbereitung nicht vorkommen sollte), kann das unbewusst passieren.

Triff eine Entscheidung über deine Augen. Damit ist folgendes gemeint:

> *Du hast einen Gedanke => du hast Augenkontakt mit dem Publikum => du zeigst Emotionen => dies erkennt man u.a. an deinen Augen.*

Dies wird bei Theaterstücken angewandt, um eine Geschichte zu erzählen und Charaktere zu zeigen, wie sie sind. Auch bei einer Moderation solltest du durch deine Augen zu erkennen geben, was dein Gedanke und deine Haltung ist. Auch wenn du wegen der Scheinwerfer das Publikum nur erahnen kannst, sollte dein Blick dorthin gerichtet sein.

Hast du einen Gast mit dir auf der Bühne z.B. für ein Interview, so lenkst du die Aufmerksamkeit des Publikums mit deinen Blicken. Wenn die andere Person spricht, solltest du sie ganz bewusst anschauen. Auch wenn sie selbst ins Publikum blickt. Denn wenn du stattdessen hin und her schaust, sieht es nach Desinteresse aus. Du signalisierst dem Publikum damit, dass das Gesagte für dich (und somit auch für die Zuhörer) nicht von Belang ist. Schaue klar in die Richtung, wo gerade auf der Bühne der Fokus ist, selbst wenn du hinter der Person stehst und nur ihren Hinterkopf sehen kannst. Auch in diesem Fall lenkst du den Fokus mit deinem Blick.

Mir ist es öfters auf der Bühne passiert, dass ich mich wirklich stark konzentrieren musste, mit meinen Augen nicht quer durch den Raum zu schauen. Da man von der Bühne meist den besten Blick hat, sieht man auch fast alles im Zuschauerraum. Es gab öfters Situationen beim Moderieren, in denen ich eigentlich unbedingt direkt zur Eingangstür blicken wollte, weil diese gerade aufging. Jedoch wird das vom gesamten Publikum auch wahrgenommen, wenn ich genau dort hinschaue. Es ist aber notwendig das Publikum als gesamtes im Blick zu haben und sich nicht ablenken zu lassen.

Bei einer längeren Rede oder einem Vortrag kannst du auch mit deinem Blick deine Ansprache gliedern und veranschaulichen.

> *Beispiel: Du agierst mit deinen Augen in einer Dreiecksbewegung (links/Mitte/rechts). Knapp über den Köpfen des Publikums suchst du dir feste Punkte. So kannst du z.B. Vergangenheit, Gegenwart und Zukunft wie ein „Diaprojektor" das Bild an die Wand projizieren. Während du deinen Punkt erläuterst, schaust du nur in diese Richtung. Kommst du zu dem nächsten Punkt, geht es mit dem Blick zu dem nächsten anvisierten Punkt über den Köpfen des Publikums. Bei dem „Umstellen" lasse die Augen kurz an dem Punkt ruhen und gehe dann zum nächsten. Diese Einteilung kannst du auch mit dem Bewegen in der Dreiecksposition verstärken.*

Augenkontakt ist im täglichen Leben sehr wichtig, um dein Gegenüber richtig zu verstehen und das Gesagte oder die Tat ein ordnen zu können. Nutze dies auf der Bühne.

Erwähnenswert ist auch die Rückmeldung, die du vom Publikum erhältst. Denn durch deinen aktiven Augenkontakt kannst du die Reaktionen der Zuschauer stärker wahrnehmen und darauf reagieren.

> *Tipp*: Schaue mit deinen Augen ca. eine Kopfhöhe über die Zuschauer ans Ende vom Raum. Überfliege so das gesamte Publikum. Dadurch können die Zuschauer deine Augen sehen und du wirst gerade am Anfang deiner Moderationsaufgabe nicht zu stark abgelenkt.

Kurz zusammengefasst

- Deine Ausstrahlung beginnt „innen“.
- Beachte deine Einstellungen.
- Habe Blickkontakt mit dem gesamten Publikum.
- Zeige die Richtung, in die du gehst, vorher mit deinem Blick an.
- Stehst du am Bühnenrand (DCR/DCL), schaue auch nur in diesen Bereich des Publikums.
- Du lenkst die Blicke der Zuschauer durch deinen Blick.
- Nutze deinen Blick auch für eine Gliederung deines Vortrages.

Wie rede ich?

Der Idealfall ist, dass du so auf der Bühne sprichst, wie sonst auch. Du hast eine eigene Art und diese sollte auch rüberkommen. Nur ist es oft so, dass man sich auf der Bühne anders verhält, als wenn man mit einer einzelnen Person spricht. Sei es aufgrund von Anspannung, des Lichts oder weil die Moderation eine Art Monolog ist. Daher gibt es klare Regeln und Tipps, die man beherzigen sollte, damit das Publikum einen gut versteht und den Inhalt aufnehmen kann.

Eine Grundregel für den Ablauf ist folgende:

- Gehen
- Stehen
- Stand finden
- Blickkontakt
- Reden

Wenn du die Bühne betrittst, solltest du noch nicht sprechen. Du bist auf dem Weg zu der Bühnenmitte. Damit leitest du deine Moderation ein und gibst dem Publikum die Möglichkeit, sich auf dich einzustellen. Sprichst du schon im Gehen, wirkt dies nervös, hektisch und dein Auftritt wirkt nicht optimal. Denn dieser sollte vorbereitet werden. Stehst du im „Center Stage"-Bereich, finde deinen Stand und habe Blickkontakt zu den Zuschauern. Erst dann beginne zu sprechen. Das erscheint einem selbst unendlich lang. Dabei handelt es sich aber nur um die eigene Wahrnehmung. Für die Zuschauer wirkt es angenehm. Hinzu kommt, dass dadurch auch eine gewisse Spannung im Publikum aufgebaut wird.

Habe eine klare und ruhige Sprache. Sprich in einfachen und klaren Sätzen. Setze dazwischen bewusst Pausen und senke die Stimme am Ende des Satzes. Vor allem Frauen tendieren dazu, Sätze wie eine Frage oder eine unvollendete Aufzählung zu beenden und gleich zum Nächsten überzugehen. Männer hingegen sprechen oft höher, wenn sie angespannt oder aufgeregt sind. Komme mit deiner Stimme „herunter“ und versuche in deiner normalen Tonlage zu reden.

> *Tipp*: Bevor du dein erstes Wort auf der Bühne sprichst, atme etwas aus und beginne zu sprechen, ohne erneut einzuatmen. Dadurch „poltert“ dein erster Satz nicht heraus. Denn oft holt man auf der Bühne Luft, hält diese kurz an (aufgrund der Anspannung) und haut dann die ersten Wörter nur so heraus.

Habe Mut zu Pausen. Dann hast du kurz Zeit, den nächsten Gedanken zu fassen oder ein Stichwort auf deiner Moderationskarte zu lesen. Einem selbst kommen Pausen immer sehr lang vor, obwohl sie es nicht sind. Wenn du auf der Bühne stehst und den Beginn des nächsten Satzes verzögerst, kannst du bewusst damit Spannung erzeugen.

Tipps:

- Konzentriere dich auf deinen Gegenüber und sprich mit dem Publikum.
- Sprich eher langsam und entspannt.
- Der Ton macht die Musik. Darum achte darauf, wie du etwas sagst.
- Sprich laut, deutlich und langsam.
- Habe Mut, Pausen zu machen. (So hast du auch Zeit, den nächsten Gedanken zu finden.)
- Atme vor deinem ersten Satz aus.

- Lies nicht vor. Nutze sofern vorhanden deine Moderationskarte nur als Stichwortgeber.
- Räusper dich nie, sondern huste. Das ist schonender für die Stimme.
- Variiere mit deiner Stimme (laut, leise, hoch, tief, etc.).
- Zeige deine eigenen Emotionen auch durch deine Stimme (und verbalisiere sie).
- Sage es kurz und knapp (kurze Sätze, kaum Aufzählungen, keine Abschweifungen).
- Vermeide Relativierungen („Das weiß ich jetzt auch nicht mehr so genau…").
- Nutze deine eigene Sprache und verstelle dich nicht.

Wenn du sprichst, versuche nicht jemand anders darzustellen oder nachzumachen. Das merkt man sehr schnell. Je nach Kirchenkreisen kann es vorkommen, dass ein bestimmtes Vokabular auf der Bühne Verwendung findet. Außerhalb des Gottesdienstes wird es aber nie gesprochen. Vermeide ein solches Vokabular, weil du dir sonst Authentizität und Glaubwürdigkeit nimmst. Man kann respektvoll und auch mal würdevoll von etwas sprechen, ohne in Phrasen oder geschwollenen Ausdrücken zu verfallen. Auch sollte man dies bezüglich die Sprache der Gäste im Blick haben. Das Publikum will die Sprache auf der Bühne verstehen. Dies gilt besonders für die Besucher, die vielleicht das erste Mal in einem Gottesdienst sind. Mit einem Nebensatz kann man schnell manchen internen Begriff erklären (z.B. statt „Lobpreis": „Gott mit Liedern danke sagen").

Es können verschiedene Fehler beim Sprechen auf der Bühne gemacht werden. Bezogen auf die Betonung treten folgende häufiger auf:

Es werden Satzzeichen betont.
Wenn es ein geschriebenes Skript gibt, kann es vorkommen, dass man alle Satzzeichen zum Anlass nimmt, mit der Stimme hochzugehen. Dadurch wirkt der Text, wie gelesen.

Es wird eine falsche Satzmelodie verwendet.
Der Sprecher hat sich eine unnatürliche Melodie beim Sprechen vor Publikum angewöhnt. Z.B. kann es sich dabei um eine große Stimmbewegung oder viele kleine Melodie-Bögen im Satz handeln. Die Melodie soll für Gefühlstiefe sorgen. Es klingt aber eher künstlich.

Es wird monoton gesprochen.
Normal spricht man mal laut, leise, hoch, tief, schnell und langsam. Aufgrund von Unsicherheit begibt man sich auf ein einziges Tonniveau, das konsequent durchgezogen wird.

Es wird im Pathos gesprochen.
Durch ständiges überbetonen und erhöhter Lautstärke, möchte der Sprecher seinem Inhalt Nachdruck verleihen. Kurzzeitig kann dies sehr hilfreich sein, übermäßig ist es jedoch ermüdend und wirkt affektiert.

Es wird „Schönsprechen" verwendet.
Dabei wird jeder Silbe überdeutlich und schön ausgesprochen und betont.

Es wird zu viel betont.
Hier wird in der Weise zu viel betont, dass der Zuhörer meint, es wäre schon der Höhepunkt des Vortrages. Diese scheinbaren Höhepunkte bringen mehr Verunsicherung als Nutzen und lassen den Hörer ermüden.[4]

Bei all dem bisher Gesagten: Sei du selbst mit deiner Sprache. Atme ruhig. Nutze Pausen. Sprich deutlich.

Stimmübungen

Stimmübungen sind für das Sprechen sehr hilfreich. Die Stimme ist wie ein Muskel, den man trainieren kann. Um die Sprech- sowie Singstimme auf den Auftritt vorzubereiten, ist es notwendig, vorher ein paar Übungen zu machen. Für Sänger ist es gängige Praxis. Auch Sprecher sollten ihre Stimme aufwärmen, bevor sie auf der Bühne reden. Die Gefahr ist zu Beginn des Redens oft, zu hoch, zu schnell oder zu gepresst zu sprechen. Man kann dem durch Lockerungs- und Sprechübungen entgegenwirken.

Aus den Übungen kann man sich abwechselnd zwei bis vier verschiedene heraussuchen und vor dem Auftritt durchführen. Jede der Übungen sollte mehrmals wiederholt werden.

Lockerungsübungen

- Kopfkreisen: Den Kopf nach links und nach rechts halb kreisen lassen. Hin und her.
- Schulterkreisen: Die Schultern nach vorn und nach hinten kreisen lassen, ohne die Arme zu heben.
- Armkreisen: Arme abwechselnd nach vorn und nach hinten kreisen lassen. Zum Schluss beide Arme gleichzeitig kreisen lassen.
- „Zappelphilip": Arme und Oberkörper ausschütteln.

Sprechübungen

- Beim Ausatmen ein langes und stimmhaftes „s" sprechen. Dabei auf eine natürliche Tonhöhe achten.
- Sich recken und strecken und dabei „wam" und „wom" sagen (lang ziehen).

- „O” singen und dabei den Kopf von hinten nach vorn beugen und wieder zurück zur angenehmsten Lage.
- „O” singen und dabei den Körper mit hängenden Armen nach vorn und zur Seite schwingen lassen. Anschließend den Körper wieder in eine normale Position bringen.
- Kausilben: mit offenem Mund Kaubewegungen ausführen und dabei kurze Silben sprechen, in denen „au”, „a” und „u” vorkommen: mjum, mjaum, u.ä. Das führt oft zum Gähnen und dabei wird der Mundraum geweitet.
- Gähnen: Dabei wird die Mundhöhle geweitet und es stellt sich ein Normalzustand der Atmung ein.
- Folgendes sprechen: „bababa bobobo bububu”, „blablabla blobloblo blublublu”, „blamblamblam blomblomblom blumblumblum”, „bam bom bum”, „blam blom blum” und „bla blo blu”. Wichtig sind hier die lockeren Lippen, die bei jedem „b“ aufgebläht werden und dann locker aufspringen.
- Mit einem Korken zwischen den Zähnen sprechen. Dadurch verbessert sich die Aussprache.

Auch ähnliche Übungen sind hilfreich und wirken für die Sprechstimme unterstützend.

Kurz zusammengefasst

- Regel: gehen, stehen, Stand finden, Blickkontakt, reden.
- Habe Mut zu Pausen.
- Nutze deinen eigenen Wortschatz.
- Gebrauche Stimmübungen, um deine Stimme vorzubereiten.

Wie sitze ich?

Es kann immer wieder einmal vorkommen, dass man als Moderator auch auf der Bühne sitzt. Sei es bei einem Interview mit einer Person oder einer kleinen Talkrunde auf Barhockern. Denn dadurch wirkt das gesamte Gespräch natürlicher, da man entspannt zusammen sitzt.

Wenn du auf der Bühne sitzt, ist es wichtig, sich nicht einfach in den Stuhl oder Sessel zu „lümmeln". Zu Hause auf dem Sofa sitzt man anders als auf der Bühne. Auf der Bühne ist zu beachten, dass man einen relativ geraden Rücken behält. Wenn das Sofa oder der Sessel zu tief dafür sind, lehne dich nicht an, sondern sitze gerade ohne den Rücken anzulehnen. Viele Beispiele dazu siehst du bei Shows im Fernsehen. Sind z.B. Prominente bei „Wetten dass ..?" eingeladen, sieht man gerade bei den weiblichen Gästen, wie aufrecht sie auf dem Sofa Platz nehmen. Beachte deine Haltung und habe einen gerade Rücken (ähnlich wie beim stehen).

Bei Barhockern ist dies ein wenig anstrengender. Hier besteht die Gefahr, wie ein Fragezeichen auf dem Stuhl zu sitzen. Strecke aber den Rücken durch und ziehe die Schultern leicht zurück. Hilfreich ist es, sich selbst beim Sitzen einmal filmen zu lassen. Probiere eine sehr entspannte Sitzposition und auch eine aufrechte und aktive Haltung aus. Du wirst sehen, was von außen positiver wirkt. Je nach Körpergröße kann es angebracht sein ein Fuß auf dem Boden abzusetzen und den anderen am Tritt des Hockers. Das erleichtert eine gute Sitzposition und wirkt aktiver.

Sitzt du dort mit weiteren Gästen, gebe ihnen vor ihrem Auftritt die Möglichkeit einmal auf dem Barhocker Platz zu nehmen. Gerade für Frauen ist das eine Hilfe, da sie aufgrund der Kleidung oder ihrer Größe schauen müssen, wie es für sie optimal ist. Auch der Hinweis auf eine aufrechte Haltung ist angebracht. Dann gibt es ein harmonisches Gesamtbild.

Oft wird ein Stehtisch dazu gestellt. Dort kann man ein Wasserglas und ähnliches abstellen. Stütze dich nie auf einen Tisch auf. Lege höchstens locker eine Hand auf den Tisch. Der Tisch darf nicht direkt zwischen dem Redner und den Zuschauern stehen. Man sollte sich auch nicht hinter dem Tisch verstecken. Grundsätzlich gilt, dass keine Barriere zwischen Redner und Publikum stehen sollte.

Ein interessanter Punkt sind die verschiedenen Möglichkeiten zum Sitzen mit Gästen und Interviewpartnern auf der Bühne. Man kann sogar das Thema durch die Sitzmöglichkeiten unterstützen.

Beispiel: Wird ein Interview mit einen Paar geführt, dass neu zueinander gefunden hat, wäre ein Sofa für das Paar und ein Sessel für den Interviewer vorteilhaft. Sollen nur kurze Statements von verschiedenen Personen weitergegeben werden, sind Barhocker die bessere Wahl.

Kurz zusammen gefasst

- Sitze immer aufrecht.
- Nehme die Schultern leicht zurück.
- Habe keinen Tisch zwischen dir und dem Publikum.
- Stütze dich nicht auf den Tisch auf.
- Überlege, welche Sitzmöglichkeit das Thema unterstreicht.

Wie verhalte ich mich vor dem Auftritt?

Wichtig vor jedem Auftritt ist, dass man vorbereitet ist. Der inhaltliche Aspekt ist an diesem Punkt geklärt. Jetzt geht es um die Vorbereitung, wenn man kurz vor dem Auftritt steht. In welcher Stimmung man auf die Bühne geht, hat einen großen Einfluss auf den Gottesdienst. Hier ein paar Punkte, die dich dabei unterstützen sollen.

- Führe wenn möglich direkt vor dem Auftritt keine Gespräche mehr. Sei lieber allein oder mit deinem Team hinter der Bühne. Wenn man evtl. schwierige oder ablenkende Gespräche kurz vorher führt, trägt man diese auch unbewusst mit auf die Bühne.
- Mache dir die Eckpunkte deiner Moderation noch einmal bewusst.
- Bereite dich auch körperlich und emotional auf den Auftritt vor. Durch z.B. Springen, Hüpfen, Arme kreisen, u.ä. kannst du zum einem negative Spannung abbauen und zum anderen mit mehr Energie auf die Bühne gehen.
- Eine Möglichkeit ist auch ein gemeinsamer Start mit anderen Akteuren hinter der Bühne (Gebet, Zuspruch, Händedruck, etc.).

Es ist wichtig, dass man sich diese Zeit nimmt und nicht nur wie nebenbei auf die Bühne geht. Beobachte dich selbst, ob du positiv „geladen“ bist oder eben mal vorbeikommst.
Direkt bevor du auf die Bühne gehst, solltest du einen Blick ins Publikum werfen und schauen, welche Stimmung herrscht: Ausgelassenheit, Langeweile, etc. Stelle dich darauf ein und dann gehe auf die Bühne.

6

VERSCHIEDENES

Verschiedenes

Umgang mit Mikrofonen

Je nach Ausstattung der Technik gibt es verschiedene Möglichkeiten bei den Mikrofonen. Grundsätzlich gilt: Lasse dich von einem Techniker einweisen und höre auf seinen Rat und die Handhabung (richtige Haltung und sprechen ins Mic). Der Techniker muss es wissen und möchte dich unterstützen. Achte und schätze seine Arbeit.

Je nach Mikrofon ergeben sich unterschiedliche Punkte, die zu beachten sind.

Handmikrofon

Wenn du Moderationskarten mit auf die Bühne nimmst, dann hast du mit einem Handmikrofon nur noch eine Hand frei. Nimm also nur eine Karte mit, denn du kannst nicht mit nur einen freien Hand vernünftig umblättern.

Beachte, dass man alles nur mit einer Hand machen kann. Gerade bei Anschauungsobjekten, Begrüßen eines Interviewpartners, Karten halten und ähnlichem. Bereite dies vor und denke es bis zum Ende durch. Kannst du z.B. deine Moderationskarten auf einen Tisch legen, wenn du einen Interviewpartner begrüßt? Moderationskarten und Mikrofon in einer Hand zuhalten, ist zum einem nicht sehr elegant und wenn dabei das Mikrofon herunter fällt, auch noch etwas teuer.

Bei einem kabelgebundenem Mikrofon solltest du vorab die Reichweite auf der Bühne testen. Sorge dafür, dass man über das Kabel nicht stolpert oder es sich irgendwo verfängt.

Nimmst du das Mikrofon aus einem Mikrofonständer heraus. Teste auch das. Das klingt fast lächerlich, ist aber wichtig. Es kann sein, dass es sehr schwer herauszubekommen oder ein neuer (verzwickter, technischer) Haltemechanismus installiert worden ist.

Führst du ein Interview auf der Bühne, gib dein Mikrofon nie aus der Hand. Du hast sonst nicht mehr die Möglichkeit zu unterbrechen oder etwas dazwischen zu fragen. Du hast ansonsten das Rederecht komplett abgegeben, obwohl du die Veranstaltung und das Interview führen solltest. Halte das Mikrofon stattdessen zum Interviewpartner hin mit der Hand, der der Person am nächsten ist. Dass du deinem Interviewpartner das Mikrofon hältst, solltest du ihm schon im Vorfeld bekannt geben. Denn sonst versucht dieser es dir auf der Bühne aus der Hand zu nehmen. Idealerweise hat der Gesprächspartner ein zweites, eigenes Mikrofon.

Du solltest auch darauf achten, dass du das Mikrofon nicht als „Blitzableiter" deiner Anspannung benutzt. Dies kann sich durch verkrampftes Halten des Mikrofones äußern. Auch ein ständiges Hin und Her des Mikrofons wirkt eher nervös. Ab und zu ein Wechsel von einer zur anderen Hand ist aber völlig legitim.

Ansteckmikrofon / Headset

Hier ist man sehr frei in seinen Aktionen auf der Bühne. Je nach Mikrofon und Technik sollte unbedingt ein Soundcheck durchgeführt werden, denn es kann je nach Technik und Halterung schneller zu Zischlauten oder Rückkopplungen kommen. Dergleichen sollte bei einem Soundcheck überprüft werden. Wird beispielsweise ein Vortrag gehalten und man hat ein Headset auf, sollte man im Vorfeld wissen, ob man mit dem Mikro in Mundnähe überhaupt etwas trinken kann, sofern das relevant ist.

Kurz zusammengefasst

- Lass dich von einem Techniker zum Thema Mikrofon einweisen.
- Beachte das Kabel (Reichweite, Stolperfalle).
- Du hast mit einem Handmikrofon nur noch eine Hand frei. Beachte das bei Aktionen.
- Gib nie dein Mikrofon auf der Bühne ab.
- Verkrampfe dich nicht beim Halten des Mikrofons.
- Lass einen Soundcheck durchführen.

Umgang mit Pannen und Schwierigkeiten

Es gibt immer mal wieder Momente, bei denen es zu überraschenden Schwierigkeiten kommen kann. Mal fällt das Mikrofon aus, mal fällt ein Glas auf der Bühne herunter oder vielleicht vergisst man auch eine Ansage. Für den Umgang mit Pannen gibt es eine Grundregel:

Offensichtliches offensichtlich machen!

Diese Regel gilt auch für alle anderen Akteure auf der Bühne. Versuche nicht etwas zu verstecken, was sowieso jeder mitbekommt. Mach es erst recht offensichtlich.

> *Beispiel:*
> *Für eine Moderatorin war ein Mikrofon am Bühnenrand auf einem niedrigen Mikrofonständer parat gemacht worden. Sie ging auf die Bühne, bekam jedoch das Mikrofon nicht aus der Halterung heraus. Kurzerhand nahm sie den niedrigen Mic-Ständer ein Stück mit auf die Bühne, beugte sich sehr tief zum Mikrofon herunter und begrüßte so das Publikum. Sie hatte die Lacher auf ihrer Seite und die Atmosphäre positiv beeinflusst. Jeder sah ihren Versuch am Bühnenrand und sie hatte es mit einer Prise Humor noch offensichtlicher gemacht.*

Das wirkt authentisch und menschlich. Ein Überspielen wirkt eher lächerlich. Nimm Pannen und Schwierigkeiten wenn möglich mit Humor. Hast du dich z.B. vor dem Auftritt bekleckert und wider erwartend keine Kleidung zum Wechseln dabei, kommentiere das mit Selbstironie am Anfang.

Gibt es kleine Störungen im Publikum, kann man diese gerne übergehen. Ordner sollten darauf ein Augenmerk haben. Sind es jedoch relevante Störungen, muss darauf eingegangen werden. Bei z.B. ständigen Zwischenrufen kann man je nach Situation darauf direkt eingehen und antworten oder nett erklären: „Jetzt erkläre ich erst meinen Standpunkt und später können wir gerne weiter darüber sprechen.“.

Wenn es nun zu einer Panne kommt oder etwas nicht klappt, sei ganz entspannt und bewahre die Ruhe. Als Moderator sollte man eingreifen, wenn etwas nicht funktioniert und die so entstandene Lücke überbrücken oder darauf hinweisen. Wichtig dabei ist es, niemanden zu diffamieren (z.B. kein wildes klopfen auf einem Mikrofon und Augen verdrehen, wenn etwas nicht funktioniert). Beleidige nie dein Team oder einzelne Mitarbeiter. Das sollte eigentlich eine Selbstverständlichkeit sein, kann aber im Eifer des Gefechts leider mal passieren. Auf der Bühne darf das allerdings niemals vorkommen.

Auf der Bühne sollte man automatisch ein Gefühl dafür haben, ob man im Licht steht oder nicht. Aufgrund unterschiedlicher technischen Voraussetzungen, kann es passieren, dass dies nicht immer und überall der Fall ist. Dann sollte man sich elegant in den Lichtkegel bewegen, damit die Aufmerksamkeit auf dem Akteur liegt.

Hast du deine Moderation oder deinen Gedanken verloren, hast du verschiedene Möglichkeiten darauf zur reagieren. Da ja meistens nur du weißt, was du sagen wolltest, fällt es kaum auf, wenn du etwas anderes sagst. Man muss aber ein Gefühl dafür entwickeln, ob es schon offensichtlich ist, dass man etwas vergessen hat (dann solltest du es auch wie oben beschrieben offensichtlich machen) oder ob man einfach zum nächsten Gedanken gehen kann.

Hier ein paar Tipps für einen solchen Fall:

- Du kannst den Gedanken später bringen (falls er dir wieder einfällt).
- Du kannst den Gedanken ganz weglassen.
- Du kannst den zuletzt gesagten Satz mit besonderem Nachdruck wiederholen.
- Fasse das bisher Gesagte kurz zusammen.
- Lege eine kurze, wirkungsvolle Pause ein.
- Richte eine Frage an die Zuhörer.
- Atme einmal tief durch.
- Bitte die Zuhörer um Mithilfe (z. B.: „Wo war ich stehen geblieben?").[2]
- Nutze dein Backup/Standard-Moderation (s.o.).

Wenn du etwas vergisst oder dich versprichst, macht es dich nur menschlicher und authentischer. Habe keine Angst vor Fehlern. Mache sie lieber offensichtlich.

Kurz zusammen gefasst

- Offensichtliches offensichtlich machen.
- Nehme Pannen mit Humor.
- Beleidige oder diffamiere niemanden.
- Bringe deinen vergessenen Gedanken evtl. später.

Umgang mit Lampenfieber

Wenn man auf der Bühne steht und vor Menschen sprechen soll, ist es normal, dass man in gewisser Weise angespannt ist. Eine leichte Anspannung ist auch gut, denn dadurch ist man sich seiner Aufgabe sehr bewusst und hellwach.

Schlägt diese Anspannung aber in echtes Lampenfieber um, wird es eher ein Albtraum. Das Herz schlägt bis zum Hals, man bekommt schwitzige Hände, die Knie werden weich und man möchte am liebsten ganz woanders sein. Vielleicht hat man diesen Effekt nicht immer in der stärksten Form, jedoch kann es einen gerade dann plagen, wenn man mit der Moderation beginnt. Was tun?

Zum einem wird mit der Erfahrung und der positiven Routine das Lampenfieber verschwinden. Man kann auch aktiv entgegen wirken, damit man für die Bühne und seine Aufgabe parat ist.

Der Körper kann grundsätzlich nur einen Schmerz, eine Anspannung bewusst wahrnehmen. So kann man das Lampenfieber abbauen, indem man die Zehen zusammenkrallt, hält und dann wieder löst. Das sieht man nicht und hilft, die andere Anspannung zu verringern. Bevor du auf die Bühne gehst kannst du auch die Hände zu Fäusten machen, halten und wieder lösen. Ebenso kann es sehr hilfreich sein, vor dem Auftritt Lockerungsübungen zu machen. Dadurch kann sich auch die negative Spannung im Körper abbauen. Durch die Bewegung kann der Körper sich entspannen und den Stress verringern.

Wenn man aufgeregt ist, kann eine gute Vorbereitung helfen. Denn man weiß genau, was man sagen und tun möchte. Gerade der Beginn der Moderation sollte sehr sicher und gut trainiert sein.

Es ist normal, dass sich aufgrund von wenig Erfahrung Lampenfieber einstellt. Das ist nicht schlimm oder gar ein Problem. Man kann daran arbeiten und sich entspannen. Gerade im Bezug auf das Lampenfieber, möchte ich noch einmal auf die Identität eingehen. Egal was du tust, welche Fehler dir passieren oder wie du dich verhältst: Gott liebt dich und nimmt dich an, so wie du bist. Das darf und soll dir Sicherheit und Stärke für deine Aufgabe geben. Mach dir das stets bewusst. Gott hat dir Gaben und Fähigkeiten gegeben und du setzt sie für ihn im Rahmen eines Gottesdienstes ein. Welch ein Vorrecht und Geschenk! So kannst du positiv entspannt sein.

Kurz zusammen gefasst

- Du darfst auch mal Lampenfieber haben.
- Kralle deine Zehen zusammen und löse sie wieder, um Spannung abzubauen.
- Mache vor deinem Auftritt Lockerungsübungen.
- Sei gut vorbereitet.
- Mache deinen Selbstwert nicht an deinem Auftritt fest.

Umgang mit Lob und Kritik

Wenn du auf einer Bühne stehst, bist du in der Öffentlichkeit. Also ist es auch ganz normal, dass du Rückmeldungen von deinem Auftritt erhältst. Das kann natürlich sehr unterschiedlich ausfallen und auf dich wirken. Je nach Typ und Art und Weise, kann dieses Feedback sehr konstruktiv oder sehr verletzend wirken.

Wenn Personen auf dich zukommen und dich loben, bestätigt das deine Begabung für diesen Bereich. Sei froh und dankbar dafür. Begegne diesem Lob einfach mit einem „Danke". Unterlasse solche Floskeln wie: „…nicht ich, der Herr…" oder „… danke mir nicht, das habe ich doch gerne gemacht….". Nehme dankbar ein lieb gemeinstes Lob an und freue dich darüber. Sei dir aber bewusst, dass du einen Dienst in einer Kirche übernommen hast, der sehr öffentlich und somit der Gemeinde sehr präsent ist. Das heißt nicht, dass diese Aufgabe wichtiger oder besser wäre als andere. Wertungen sind unangebracht. Bleibe bescheiden und diene Gott und den Menschen. Die Personen auf der Bühne in einem Gottesdienst sind nie die Hauptpersonen, egal wie hoch das Podest steht. Freue dich einfach an dem Lob und danke Gott, dass du in deinen Begabungen leben kannst.

Bleibt dieses Lob aus, heißt es nicht automatisch, dass du nicht in deiner Leidenschaft lebst oder keine gute Qualität ablieferst. Sehr oft ist es so, dass Leute sich schnell an gute Dinge gewöhnen. Machst du etwas das erste Mal, bekommst du viel Anerkennung. Bist du dann schon länger dabei, bildest du dich weiter und bleibst aktiv, wird es weniger beachtet. Lass dich dadurch nicht entmutigen, sondern nimm es einfach so an, wie es ist.

Wenn du auf der Bühne moderierst, gibst du viel von deinem Innersten preis. Dein Herz und deine Seele, dein Gefühl und auch deine Einstellungen kommen teilweise zum Vorschein. Du überlegst dir etwas und bist dabei kreativ. Moderieren ist auch eine Art von Kunst ist, denn du erschaffst und gestaltest etwas Neues. Darum möchte ich folgenden Abschnitt weitergeben.

„Er (der Künstler) steht manchmal ganz allein auf der Bühne, gibt sein Innerstes preis und lässt völlig Fremde einen Blick in seine Seele werfen. Verwundbarkeit ist der Preis, den jeder Künstler bezahlt. Sie lassen ihr Herz und ihre Seele in ein Projekt einfließen und betreuen es mit ihrem Herzblut. Wenn es Zeit wird der Welt ihr Projekt zu zeigen, dann öffnen sie ihre Hände nur langsam und hoffen inständig, dass niemand das Kind ihrer Gedankenwelt töten wird, noch bevor es überhaupt eine Chance hatte, sich zu entwickeln. Weil die Kunst so eine persönliche Sache ist, ist es auch so schwierig, sich selbst von seinem Werk abzugrenzen.“ [5]

Der Umgang mit Kritik fällt nicht immer leicht. Auf der Bühne wird von dir (auch zu Recht) erwartet, authentisch zu sein und dein Herz zu zeigen. Somit wirkt jede Kritik sehr schnell als persönlicher Angriff. Ich möchte dir ein paar Gedanken mitteilen, die dir helfen sollen, mit Kritik und Feedback gut umzugehen. Denn Feedback ist wichtig. Reflektion und Außenwahrnehmung ist entscheidend, damit man in seinen Begabungen wachsen kann.

Feedback nicht am gleichen Tag

An dem Tag des Gottesdienstes hast du, platt gesagt, auf der Bühne die Hosen herunter gelassen. Du hast etwas von dir preisgegeben, die Anspannung ist abgefallen und du wünschst dir, dass jeder etwas mitnehmen konnte. Wenn direkt im Anschluss dann ein konstruktives Feedback kommt, ist es sehr schwer, dieses emotional richtig einzuordnen. Und sei diese Kritik noch so richtig und berechtigt. Versuche dein Umfeld liebevoll dahin zu bringen, dass es dir mindestens einen Tag später ein erstes Feedback gibt. Weise die Leute nett darauf hin, dass du lieber dann mit ihnen darüber sprechen möchtest. Vielleicht kann das nicht jeder sofort nachvollziehen, es ist aber für dich als Person eine große Hilfe. Menschen, die auch auf der Bühne stehen, werden das befürworten.

Begrüße Feedback

Sieh eine konstruktive Kritik als deinen Freund an. Du kannst daran und damit wachsen und vorankommen. Wäge das Feedback ab und weise es nicht sofort zurück. Du musst nicht zu jeder Rückmeldung eine Stellung abgegeben. Bedanke dich für ein ehrliches Feedback und mache dir darüber Gedanken. Ist die Information berechtigt oder richtig, versuche darauf einzugehen.

Eine Hilfe ist es, sich ein paar Leute zu suchen, die einem regelmäßig Feedback geben. Beachte dabei, dass es nicht nur Personen sind, die alles immer toll finden oder immer alles gleich sehen wie du. Für dich kann es zum großen Vorteil werden, wenn du unterschiedliche Wahrnehmungen hörst und weißt, dass die Personen hinter dir stehen.

Gehe weise mit Kritik um. Nimm das, was dich voran bringt, ernst. Wenn Personen dir etwas sagen, was du auch nachdem du es geprüft hast, nicht bejahen kannst, versuche das Gesagte einfach zu vergessen. Bist du dabei unsicher, frag deinen Pastor oder auch deine Freunde, wie sie das sehen. Das Ziel ist es ja, sein Bestes zu geben und zu wachsen.

Tipps für den Feedbackgeber:

- Äußere den Gesamteindruck.
- Sage etwas Positives.
- Erkenne immer Bemühungen und Einsatz an.
- Rede in „Ich"-Botschaften („auf mich wirkt es…").
- Vermeide Übertreibungen und negative Vergleiche.

Kurz zusammen gefasst

- Bedanke dich für ein Lob.
- Beurteile fehlendes Lob nicht falsch.
- Führe es bei euch ein, dass das Feedback nicht am selben Tag gegeben wird.
- Begrüße Feedback und bedanke dich dafür.
- Suche dir Personen, die dir regelmäßig Rückmeldung geben.
- Prüfe das Feedback weise und setze es ggf. schrittweise um.

7

WIE FANGE ICH JETZT AN?

Wie fange ich jetzt an?

Du hast jetzt viel gelesen und dich mit dem Thema Moderation beschäftigt. Möglicherweise bist du nun total motiviert und möchtest einfach los legen und verschiedene Sachen ausprobieren. Vielleicht bist du aber auch erschlagen von den ganzen Informationen und hast keine Idee, wie du beginnen sollst.

Ich möchte dir Mut machen einfach anzufangen. Nimm dir doch jetzt einen Zettel und schreibe in Stichworten auf, was dir von diesem Buch in Erinnerung geblieben ist. Jetzt. Sonst verschiebt man das so lange, bis man es vergessen hat.

Die ersten Dinge, die jetzt auf deinen Zettel stehen, liegen in deinem Fokus. Fang mit diesen Punkten an. Nimm erst einmal drei davon und beginne damit. Man kann nicht alles auf einmal umsetzen. Es ist immer ein Weg und es braucht Übung. Nutze jeden Auftritt auf einer Bühne, um besser zu werden und an deinen Fähigkeiten zu arbeiten. Siehe das als Chance und Möglichkeit. Freue dich über Feedback und versuche dich zu reflektieren.

Auf meinen Zettel würde folgendes stehen. Es kann dir zur Anregung dienen.

- Pflege deine Beziehung zu Jesus Christus.
- Sei du selbst.
- Zeige Emotionen und erzähle Details („Wie“ ist etwas für dich?).
- Fühle dich wohl auf der Bühne und habe eine gute Körperspannung (aufrecht, fester Stand).
- Baue Brücken.
- Liebe Gott, dein Team, dein Publikum und dich selbst.

Es ist wichtig, dass du dich auf der Bühne wohlfühlst und in deinen Gaben lebst. Ich wünsche ich dir von Herzen, dass du jedes Mal aufs Neue erlebst, wie es Menschen begeistert, wenn du einen Gottesdienst moderierst. Denn du leitest sie im Gottesdienst an und gemeinsam erlebt ihr Gottes Nähe, seine Liebe und die Gemeinschaft miteinander.

ANHANG

Kurz zusammengefasst

Der Moderator

- Sei dir deiner Identität bewusst.
- Fühle dich auf der Bühne wohl.
- Glaube an das was du sagst.
- Präge die Atmosphäre im richtigen Moment.
- Erkenne und nutze die Stimmung.
- Formuliere aktiv und positiv.
- Bereite dich auf die Emotionen vor (Infos einholen).
- Sei echt in deinen Emotionen. Spiele nichts vor.
- Zeige gerne auch mal deine Ecken und Kanten.
- Sei begeistert von Gott, Menschen und dem Programm des Gottesdienstes.
- Vernachlässige dabei nicht deine anderen Aufgaben als Moderator.

Die Aufgabe als Moderator

Du bist der Gastgeber

- Du bist der Gastgeber.
- Du vertrittst die Kirche.
- Nehme die Fragen des Publikums vorweg und verbalisiere ihre Interessen.
- Benutze Formulierungen, die auch für die Gäste verständlich sind.
- Vermittel kein internes Gefühl.

Du hast ein Ziel

- Du leitest den Gottesdienst.
- Setze dir Ziele für jede einzelne Moderation.
- Sei über das gesamte Programm informiert.
- Du kommunizierst immer von der Bühne.

Du baust Brücken

- Baue Brücken vom Programm zum Publikum.
- Baue Brücken zwischen den Programmelementen.
- Beachte Inhalt und Emotion der Elemente.
- Achte auf alle Übergänge der Elemente.
- Beachte den Spannungsbogen.
- Fülle entstehende Lücken.

Moderationsarten

- Doppelmoderation ist doppelt so schwer.
- Wechsle deine Moderationsarten.

Moderationsvorbereitung

Die thematische Vorbreitung

- Hole dir die Informationen über den Gottesdienst.
- Du solltest das Thema und das Ziel des Gottesdienstes kennen.
- Was sind die thematischen Inhalte der einzelnen Elemente?
- Was sind die emotionalen Inhalte der einzelnen Elemente (gerade Anfang/Ende)?
- Wie sind der Raum und die Bühne beschaffen?
- Verschaffe dem Thema durch Aktualität Relevanz.
- Bringe persönliche Beispiele in deine Moderation ein.
- Stelle offene Fragen.
- Unterstütze die Erwartungshaltung auf die Predigt.

Begrüßung

- Sei herzlich, begeistert und begrüße dein Publikum.
- Beachte die Gäste und ihre Bedürfnisse.
- Eine Begrüßung im Gottesdienst ist ausreichend.
- Nutze einen „Eisbrecher“.

Kollekte

- Kommuniziere bei der Kollekte die Vision.
- Tritt nicht als Bettler auf.
- Erzähle Beispiele, wofür das Geld verwendet wird.
- Erwähne, dass es sich um eine freiwillige Sache handelt und sage Danke.

Ansagen

- Plane die Ansagen in eurer Kirche.
- Halte Ansagen immer kurz und knapp.
- Führe Regeln für die Informationen ein (Prioritäten setzen).
- Unterscheide zwischen Promotion (Werbung) und Reminder (Erinnerung).

Was ist der Kernpunkt der Predigt?

- Wiederhole kurz den Kernpunkt/die Hauptaussage der Predigt.
- Gebe eine kurze Anwendung.
- Danke dem Prediger.
- Verknüpfe den Inhalt der Predigt mit einem Angebot der Kirche.
- Ergänze die Predigt nicht.

Moderation einüben

- Schreibe deine Moderation auf. In der Anfangsphase formuliere immer ganz aus.
- Nutze kurze und knappe Sätze.
- Vermerke evtl. das Ziel deiner Moderation.
- Erarbeite dir ein Back-up (Standard-Moderationen).

Der Auftritt als Moderator

Wie sehe ich aus?

- Beachte deine Einstellung zu deinem Körper.
- Arbeite an deinem Körpergefühl.
- Wähle die richtige Kleidung.
- Benutze Puder/Make-up, um natürlich auf der Bühne auszusehen.
- Habe eine gepflegte Frisur.

Wie gehe ich?

- Deine Kommunikation beginnt mit dem ersten Schritt auf die Bühne.
- Gehe gerade und ganze Wege.
- Spreche zuerst bei Center Stage.
- Nutze bei längeren Moderationen das Dreieck.
- Benutze dabei den Pivot-Schritt.
- Drehe dem Publikum nicht den Rücken zu (auch nicht wenn möglich bei Auf-/Abgang).

Wie stehe ich?

- Hab eine gerade Haltung.
- Drück die Brust leicht heraus.
- Nimm die Schultern leicht nach hinten.
- Zeig deine Hände und verstecke sie nicht.
- Mache Armbewegungen zwischen Bauch und Brusthöhe.
- Hab ein gutes Maß und eine Natürlichkeit bei Gestik und Mimik.
- Hab einen festen Stand.
- Überprüfe deine Einstellung zum Publikum.

Wie schaue ich?

- Deine Ausstrahlung beginnt „innen“.
- Beachte deine Einstellungen.
- Habe Blickkontakt mit dem gesamten Publikum.
- Zeige die Richtung, in die du gehst, vorher mit deinem Blick an.
- Stehst du am Bühnenrand (DCR/DCL), schaue auch nur in diesen Bereich des Publikums.
- Du lenkst die Blicke der Zuschauer durch deinen Blick.
- Nutze deinen Blick auch für eine Gliederung deines Vortrages.

Wie rede ich?

- Regel: gehen, stehen, Stand finden, Blickkontakt, reden.
- Habe Mut zu Pausen.
- Nutze deinen eigenen Wortschatz.
- Gebrauche Stimmübungen, um deine Stimme vorzubereiten.

Wie sitze ich?

- Sitze immer aufrecht.
- Nehme die Schultern leicht zurück.
- Habe keinen Tisch zwischen dir und dem Publikum.
- Stütze dich nicht auf den Tisch auf.
- Überlege, welche Sitzmöglichkeit das Thema unterstreicht.

Verschiedenes

Umgang mit Mikrofonen

- Lass dich von einem Techniker zum Thema Mikrofon

einweisen.

- Beachte das Kabel (Reichweite, Stolperfalle).
- Du hast mit einem Handmikrofon nur noch eine Hand frei. Beachte das bei Aktionen.
- Gib nie dein Mikrofon auf der Bühne ab.
- Verkrampfe dich nicht beim Halten des Mikrofons.
- Lass einen Soundcheck durchführen.

Umgang mit Pannen und Schwierigkeiten

- Offensichtliches offensichtlich machen.
- Nehme Pannen mit Humor.
- Beleidige oder diffamiere niemanden.
- Bringe deinen vergessenen Gedanken evtl. später.

Umgang mit Lampenfieber

- Du darfst auch mal Lampenfieber haben.
- Kralle deine Zehen zusammen und löse sie wieder, um Spannung abzubauen.
- Mache vor deinem Auftritt Lockerungsübungen.
- Sei gut vorbereitet.
- Mache deinen Selbstwert nicht an deinem Auftritt fest.

Umgang mit Lob und Kritik

- Bedanke dich für ein Lob.
- Beurteile fehlendes Lob nicht falsch.
- Führe es bei euch ein, dass das Feedback nicht am selben Tag gegeben wird.
- Begrüße Feedback und bedanke dich dafür.
- Suche dir Personen, die dir regelmäßig Rückmeldung geben.
- Prüfe das Feedback weise und setze es ggf. schrittweise um.

Bibelverse

[1] Abei eine Auswahl von Bibelversen zu der eigenen Identität im Bezug auf Jesus Christus:

Matthäus: 5,13-14
Johannes: 1,12; 6,47; 10,10; 15,5-6; 15,15
Römer: 1,7; 5,1; 5,5; 6,2-6; 6,18; 6,22; 8,1; 8,14-15; 8,17; 8,38-39
1.Korinther: 1,30; 2,12; 2,16; 3,16; 6,17; 6,19-20; 12,27
2.Korinther: 1,21-22; 2,14-15; 5,15; 5,17-21
Galater: 2,19-20; 3,13
Epheser: 1,1; 1,3-4; 1,7; 2,5-6; 2,10; 2,18-19; 3,12; 4,24
Philipper: 3,20; 4,7; 4,13; 4,19
Kolosser: 1,13-14; 1,27; 2,7; 2,10; 3,4; 3,12
1.Thessalonicher: 5,5
2.Timotheus: 1,7; 1,9
Hebräer: 2,11; 4,16
1.Petrus: 2,9; 2,11; 2,24
1.Johannes: 3,1-2; 4,4; 5,18

Literaturverzeichnis

[2] Hebel, Torsten: Semiar 2010/2011

[3] Asgodom, Sabine: Reden ist Gold. 2.Auflage. München: Econ Ullstein List Verlag 2000

[4] Wiedenmann, Rolf-Dieter: Der Rhetorik-Trainer. Wuppertal: R. Brockhaus Verlag 1999

[5] Noland, Rory: Das Herz eines Künstlers. Asslar: Gerth Medien 2002. S.138

Was wäre...

Was wäre, wenn im Gottesdienst deine Sprache gesprochen wird?
Was wäre, wenn es im Gottesdienst Musik gibt, die du magst?
Was wäre, wenn es dort um die Themen geht, die dich bewegen?
Was wäre, wenn im Gottesdienst dein Leben verändert wird?
Was wäre, wenn im Gottesdienst dir Gott begegnet?
Was wäre, wenn dies durch dich geschieht?

Neben theologischen und inhaltlichen Basics zum Thema, liefert „Der Gottesdienst-Trainer“ eine Fülle von kreativen Anregungen, praxiserprobten Strategien sowie zahlreiche umsetzbare Tools für alle, die den Auftrag von Kirche im 21. Jahrhundert leben wollen: Einen Ort zu schaffen, an dem Menschen der Liebe Gottes begegnen.

„Es ist gut aus eigener Erfahrung zu lernen. Noch besser ist es oft, von den Erfahrungen anderer zu lernen, zum Beispiel von Detlev Reich. Kompetent, praktisch und didaktisch ausgereift spannt er einen thematischen und strukturellen Bogen und bringt es schließlich auf den Punkt, wie man im 21. Jahrhundert Gottesdienste planen, entwickeln und gestalten kann. Meine Empfehlung: Sei nicht nur Leser dieses Wortes – sondern auch Täter!“
Torsten Hebel - Initiator und Leiter der blu:boks Berlin

Taschenbuch
ISBN 978-3-940326-39-3